高校英语教学创新模式研究

马慧娟◎著

中国商业出版社

图书在版编目（ＣＩＰ）数据

高校英语教学创新模式研究/马慧娟著.--北京：中国商业出版社，2023.12

ISBN 978-7-5208-2823-9

Ⅰ.①高… Ⅱ.①马… Ⅲ.①英语－教学模式－研究－高等学校 Ⅳ.①H319.3

中国国家版本馆 CIP 数据核字(2023)第 246795 号

责任编辑：杜辉

中国商业出版社出版发行

（www.zgsycb.com 100053 北京广安门内报国寺1号）

总编室：010-63180647 编辑室：010-83118925

发行部：010-83120835/8286

新华书店经销

北京四海锦诚印刷技术有限公司印刷

*

787 毫米× 1092 毫米 16 开 11.5 印张 212 千字

2024年 7月第1版 2024年 7月第1次印刷

定价：78.00元

* * * *

（如有印装质量问题可更换）

前　言

当今世界的竞争归根结底是人才的竞争，随着中国国际地位的显著提高，在与世界其他各国进行交流的过程中，英语人才成为必不可少的后备力量。“路漫漫其修远兮，吾将上下而求索”，在中国发展英语教育，不仅需要所有英语教育者的探索与研究，更需要所有英语学习者的积极配合与不断努力。

英语是全国各个高校普遍开设的语言类基础课程。英语教学为人才的培养、社会的发展做出了重大贡献。然而，语言是随着社会的发展而不断演进的，相应的英语教学模式与水平也要在当前的时代背景下进行调整与提高。英语课堂教学是英语教师向学生传授知识，提高学生文化素养和跨文化交际能力的重要方式。新时代、新使命背景下，高校英语教学模式的研究能够丰富我国高校英语教学体系，搭建英语改革新框架，为众多高校英语教师提供切实可行的方案指导，从而推进英语教学改革进程。

近年来，全球经济一体化发展速度加快，高等教育与国际逐渐接轨。在此背景下，高校英语教学必须紧跟形势，加快创新改革的步伐，尤其是要重视教学模式的创新。英语作为全世界通用语言，在各种场合均被广泛应用，因此应从多维视角探索教学模式改革创新，全面增强学生综合英语文化素养，从而使高校英语适应当前形势需要，促进英语教学不断优化创新发展。本书通过对英语教学基本知识的探讨，着重分析了高校英语教学变革的教学创新思维、内容创新、教学模式、评价体系等相关内容，同时论述了教师的专业发展以及高校英语教学的发展。总体来说，本书体系完整，内容充实，系统性强，做到了理论与实践紧密结合，对读者而言不失为一本有价值的参考书。在写作过程中，我们参考了许多的相关文献资料，借鉴、引用了诸多专家、学者和教师的研究成果。由于能力有限，时间仓促，虽经多次修改极力丰富本书内容，力求著作的完美无瑕，但仍难免有不妥与遗漏之处，恳请专家和读者指正。

目录

第一章　高校英语教学理论基础与创新结合

第一节　高校英语教育教学理论基础

一、高校英语教学的基本原则

（一）交际性原则

语言是交际的工具，人们主要通过语言来交流思想、传递信息。交际是在特定语境中说话者和听话者、作者和读者之间的意义转换。学习英语的首要目的就是使用英语进行交际，而英语教学的首要目标就在于培养学生的交际能力。交际能力的核心就是能够运用所学的语言知识在不同的场合下与不同的对象进行有效的得体的交际。因此，我们在英语教学中首先要贯彻交际性的原则，使学生能用所学的英语与人交流，要在教学过程中努力做到以下几点：

1. 充分认识英语课程的性质

英语课首先是一种技能培养型的课程，要把语言作为一种交际的工具来教、来学、来使用，而不是把教会学生一套语法规则和零碎的词语用法作为语言教学的最终目标，要使学生能用所学的语言与人交流，获取信息。在教学过程中，教、学、用三个方面构成一个有机的相辅相成的统一体，其中的核心在于使用。因此，教师转变以往陈旧的教学观念，认清课程的性质，是落实交际性原则首先需要解决的问题。

2. 创设情境，开展多种形式的丰富多彩的交际活动

语言是交际的工具，而交际的发生总是处于特定的情境之中。情境包括时间、地点、参与者、交际方式、谈论的题目等要素。在某一特定的情境中，讲话者所处的时间、地点以及本人的身份都制约他说话的内容、语气等。因此，在基础英语教学中，要使教学的内容置于一种有意义的情境之中。而且，在一定的情境之下学习英语，可以使学生身临其境，提高学习英语的兴趣。因此，英语教学活动要充分考虑交际性的特点，结合教材的内

容，尽量利用各种教具，创设与学生生活密切相关的各种情境，进行真实或逼真的英语交际训练活动，这样不仅使学生学有兴趣，有成效，而且能够做到学用结合。

3. 注意培养学生语言使用的得体性

英语教学的首要目标在于培养学生进行有效交际的能力，传统的英语教学只偏重语法结构的正确性，而根据交际性原则，学生要具备良好的交际能力，需要能够在适当的时间、适当的地点，以适当的方式向适当的人讲适当的话。这一点与上面一点密切相关，创设情境，开展多样的交际活动，课堂游戏、讲故事、猜谜语、编对话、角色扮演、话剧表演、专题讨论或者辩论等，都有助于学生在创设的情境中充分表现自己，从而掌握地道的语言。

4. 精讲多练

英语课堂的工作不外乎讲和练两种，前者是指讲授语言知识，后者是进行语言训练。在课堂上，适当地讲授一些语言知识是必要的，可以提高学习的效果。就如同学习游泳一样，在下水之前，教师讲解一些注意事项、游泳的动作要领，可以有助于提高学生在水里训练的效果。但是，英语首先是一种技能，技能只有通过实际训练才能获得。因此，教师必须清楚，讲解的目的在于帮助学生更好地训练。在语言训练的过程中要针对学生的具体问题给予“画龙点睛”式的点拨。这不仅有利于学生语言交际能力的培养，还有助于学生养成良好的学习与思维习惯。在进行了必要的讲解之后，要给学生留出足够的训练时间。

5. 注重教学内容与教学活动的真实性，贴近学生的生活

语言与现实生活密切相关，教学活动的设计与教学内容的选择一定要考虑这一因素。在英语教学中，要把语言和学生所关心的话题结合起来，要给学生足够的、内容丰富的、题材广泛的、贴近学生生活的信息材料。另外，教学内容的真实性还要求教材的语言和教师的语言是真实的。

（二）兴趣性原则

1. 充分了解学生的生理与心理特点，尊重学生的主体性

学生是学习的主体，是整个学习过程的核心承载者。基础英语教学要从儿童的心理和生理特点出发，改变传统的学习方式，让学生通过体验和实践进行学习。传统的语言学习方式强调学生在初级阶段要学好音标，学好语法，记忆一定量的词汇。英语课程必须从学生的心理和生理特点出发，遵循语言学习规律，从改变学生的学习方式入手，通过听做、说唱、读写和视听等多种活动方式，达到培养兴趣、形成语感和提高交流能力的目的，尤

其是在学习的初级阶段更要如此。

2. 挖掘教材，激情引趣

教材是英语教学的核心，教师要想最大限度地调动学生的积极性，就要在备课中认真地研究教材，挖掘教材中的兴趣点，使每节课都有新鲜感，都有让学生感兴趣的内容和活动。

3. 善于发现学生的进步，多鼓励表扬，培养学生的自信心和成就感

对于学生来说，学习兴趣的保持在很大程度上取决于学习的效果，取决于他们能否获得成就感。因此，教师要通过多种激励的方式，如奖品激励、任务激励、荣誉激励、信任激励和情感激励等，激发学生积极参与、大胆实践、体验成功的喜悦。

4. 注意发现和收集学生感兴趣的问题，把问题作为设计教学活动的素材

例如，在教数字时，有一位教师请学生收集自己家里所有的数字，学生除了收集家里的电话号码、邮编、自行车牌照、汽车牌照等之外，还收集了全家人穿的鞋子的尺码、衣服的尺码、父母的身高、家里的藏书数目、自己的零用钱等。这样，一节枯燥的数字课上得热闹非凡，笑声不断。还有的教师为了讲授英文字母，自己编排了英语字母体操。

（三）灵活性原则

1. 教学方法的灵活性

在英语教学史上曾经出现了许多种不同的教学方法和流派，例如语法翻译教学法、视听教学法、交际教学法等，每种方法都有其自身的优势与不足，教师应该兼收并蓄、集各家所长，切忌拘泥于某一种所谓流行的教学方法。英语教学包括语言知识和语言技能两个方面，语言知识包括语音、词汇、语法等内容，不同的语音、不同的词汇、不同的语法项目都具有不同的特点。语言技能包括听、说、读、写四个方面，其中又包括许多微技能。而学习者的个体差异也是千差万别的。因此，在英语教学过程中要综合学生、教学内容以及教师自身的特点，创造性地开展多种多样的教学活动，充分体现教学方法的多样性和创新性，使英语课堂新鲜有趣，从而激发学生学习英语的热情，挖掘学生的潜能。教学的内容也要体现多样性的原则，不光要教英语，还要教学习方法，结合英语教学教如何做人。

2. 学习的灵活性

教学方法和教学内容的灵活性可以有效地带动英语学习的灵活性。要努力改变以往单纯地死记硬背的机械性学习方法，帮助学生探索合乎英语语言学习规律和符合学生生理、心理特点的自主性学习模式，使学生能够自我导向、自我激励、自我监控；静态、动态结

合，基本功操练与自由练习结合；单项和综合练习结合。通过大量的实践，使学生具有良好的语音、语调、书写和拼读的基础，并能用英语表情达意，开展简单的交流活动，开发听、说、读、写综合运用语言的能力。

3. 语言使用的灵活性

英语学习的关键在于使用，教师要通过自身灵活地使用英语来带动影响学生使用英语。教师应尽可能多地用英语组织教学、用英语讲解、用英语提问、用英语布置作业等，使学生感到他们所学的英语是活的语言。英语教学的过程不应只是学生听讲和做笔记的过程，而应是学生积极参与，运用英语来实现目标、达成愿望、体验成功、感受快乐的有意义交际活动过程。另外，教师还可以通过灵活性的作业使学生灵活地使用英语，作业的布置应侧重实践能力，如可以让学生用磁带录制口头作业，让学生轮流进行值日报告，陈述和评议时事、新闻等。

（四）输入、输出原则

所谓“输入”是指学生通过听和读接触英语语言材料；所谓“输出”是指学生通过说和写来进行表达。心理语言学研究表明，输出建立在输入的基础之上；在此意义上，输入是第一性的，输出是第二性的。首先，在人们学习英语的过程中，能理解的总是比能表达的要多。换而言之，人们所能听懂的，永远比能说的要多；而所能读懂的，又比所能写的多。我们能欣赏小说、散文和诗歌等优秀的文学作品，但我们自己并不一定能写得出来。其次，语言输入的量越大，语言输出的能力就越强。也就是说，我们听的东西越多，我们读的东西越多，我们的表达能力也就会越强。教师在教学过程中应该注意以下几点：

1. 尽可能多地让学生接触英语

要通过视、听和读等手段，多给学生可理解的语言输入，如声像材料的示范和贴近学生日常生活和学习、适合学生的英语水平、具有时代特色的读物等。另外，学生学习的内容不要局限在课本之内，教师应该打破课内外的界限，帮助学生扩大语言接触面。

2. 输入内容和输入形式的多样化

学生接触的英语既要有声的，又要有图像的，还要有文字的，而且语言的题材和体裁以及内容要广泛，来源多样化。比如，在日常生活中，尤其是在大中城市中，每天都会接触到许多英语，比如，文具、衣服、道路标志、电器等上面，就有许多英语。如果我们能利用这些，学生就可能轻轻松松地学到许多英语。另外，我们还要注意根据上述语言输入的分类，尽可能地为学生提供多种形式的输入。

3. 提高接触语言的频度

学习语言，接触语言的频度比长度更重要。英语课程从三年级起开设，为保证教学质量和教学效果，三至六年级英语课程应遵循长短课时结合、高频率的原则，每周不少于四次教学活动。三、四年级以短课时为主；五、六年级长短课时结合，长课时不低于两课时。

4. 首先强调学生的理解能力

只要学生能理解的，就可以让他们听，让他们读。而且，还可以只要求学生理解，而不必立刻要求他们用说和写的方式来表达。从教学目标而言，对语言技能应该有全面的要求，但是从教学的方法来看，应该先输入，后输出。

5. 为学生提供的语言材料要符合学生的实际情况

当然，仅仅依靠语言的输入是不可能掌握英语、形成综合运用英语的能力的，还需要通过口头和笔头的表达来检验和促进语言的输入。在增加可理解的语言输入的同时，在理解的基础上不断进行有效的实践活动。这些实践活动在基础英语教学中包括一定的模仿练习。学习语言的确需要模仿，问题的关键在于如何模仿和模仿什么。如果只是机械地模仿，只注意语言的形式，那并不能保证学习者能在生活中真正地使用语言。比如只是要求学生注意语音、语调的准确，只要求死记硬背句型结构，而没有使学生真正了解这些句型结构所表达的含义，学生并不能在课外使用。模仿最好是模拟生活中的真实情景，注意语言结构所表达的内容，这种模仿才是有效的。

二、高校英语教学的模式、方法

（一）高校英语教学模式

1. 关于传统英语课堂教学模式的思考

在我国几十年的英语教学中，存在多种英语教学方法和模式，其中广泛采用的是传统的“语法翻译”教学模式。外课堂教学区别于其他学科的特点表现在四个方面：①必须通过积累大量的言语材料去激发教学活动的内部兴趣，在事实积累的基础上去掌握大量理论；②必须通过对集体作业和个别作业的安排去组织学生的注意力，即以练习安排作为课题教学的外部手段，学生能否学得起劲，主要靠练习安排得当；③构成课堂教学的各个环节衔接紧密，有时两个环节要交叉进行，比如讲授新的课程后马上进行初步巩固；④作为进行课堂教学基本媒介的语言受到限制。因为英语课的教学内容是陌生的英语，使得一方面工具语言的使用要受到学生对英语理解能力和表达能力的严格限制；另一方面教师要经常因学生有限的目的语能力而不能充分自由地使用工具语言。受到课堂教学自身的局限，我国高校英语教学模式在很长时间里主要是以教师为中心，教师讲课文、讲词汇、讲语法，组织操练。这种传统的教学模式尽管实行的是满堂灌的方式，多少忽视了学习者的能动性和主动性，但依靠教师的丰富经验和个人魅力以及因材施教的小班教学方法，确实培养了一代又一代的英语人才。然而国家和社会对国民英语能力的要求进一步提升，这种教学模式面临着极大的挑战而变得难以维系。

2. “以教师为中心”英语教学模式的反思

在我国，英语教学历来主要以课堂形式进行，且课堂教学模式采取的是“以教师为中心”模式，顾名思义，就是教师作为整个教与学过程的中心。整个教学活动的进程相对而言，学生是知识传授的对象，是外部刺激的被动接受者，学生始终处于被动的接受状态，偶尔对教师的讲授提出附应或疑问。高校英语教学大都采用大班授课，教师数量与学生数量比例悬殊，在课堂上教师问、学生答的情况最为普遍。教师缺乏与学生的交流和互动，教师无法关注每个学生关于语言知识的实践困惑与其课堂表现，致使理论知识与实践环节脱节，使学生丧失了展现个体化理解的时间与空间，这也是大学课堂教学长期以来所忽视的环节。在传统课堂上，教学媒体是辅助教师授课的演示工具，而教师的教学主要依赖于传统的教学媒体。黑板、教材作为承载教学信息的主要工具，其单一的媒体呈现模式也限制了学生信息量的输入，满足不了信息时代学生对知识的需求。教学媒体主要是辅助教师授课的工具，学生通过教学媒体获得教师传递的自信和观点，但教学媒体向学生传递的信息有限，主要依赖于教师的讲解，学生几乎无法对教学媒体实现操作与控制。网络对英语教学的介入，要求在教学中教师应以网络技术为支撑，以现代教学和学习理论为指导，充分利用开放的网络资源和网络交互技术，处理好教师、学生、教学内容和教学媒体的关系。教师课堂上可用多媒体教学平台，或链接网络资源或展示教师自制的 PPT 电子课件，但是，此模式仍然是以教师为中心。一些教师仍把计算机网络教学简单地理解为在传统的教学方法和教学模式中加入现代教学技术手段，忽略了对相关现代教育思想理论的学习，只是用新瓶装旧酒，片面追求形式，未能根据新的教学要求去更新教学方法和精心设计多媒体教学手段辅助下的新的教学模式。

（二）高校英语教学方法

高校英语教学在方法上越来越趋于多样化、折中化、本土化、学生中心化和学习自主化。这些变化促进了中国的高校英语教学改革。英语教学是一门实践性极强的课程，它需要一定的知识传授，但更需要活泼、较为真实的课堂教学氛围，以及作为语言学习主体的学习者的积极参与和大量的交际实践。教师的“教”和学生的“学”是教学的两个重要环节，需要教师和学生共同参与。那么如何在师生共建的课堂互动模式中，有意识地创造各种语言环境，积极调动学生学习英语的积极性，让学生正确地使用英语知识去表达、交流思想和传递信息，是英语教学法要解决的首要问题，但是英语教学法的运用不是固定的、排他的，这就要求教师在教学过程中灵活地选择有效的英语教学法在以计算机、多媒体和网络为辅助手段的基础上，将不同的教学法穿插使用。可以有效地调动学生学习英语的主观能动性，有助于教师及时对教学过程进行调控，同时可以加强学生与教师之间的有效沟通，帮助学生更好地提高自身的语言能力。教师对教学法进行选择时应注意兼顾几个原则：知识的体系性；任务的多样性；情境的真实化。

英语教学法要帮助学生构建扎实的语言知识体系。高校英语的教学目标是培养学生的英语综合应用能力以及用英语进行交际的能力。交际能力由两个方面组成：语言知识和交际知识。语言知识的积累可以提高交际能力，交际实践可以巩固学到的语言知识，并进一步促进交际能力的提高。在这两者的关系中，语言知识的学习是基础，也是最终为语言交际服务的。教师在开展教学的过程中可以参照语法翻译教学法，先讲授词法，然后再讲授句法；采用演绎法讲授语法规则，再举例子予以说明；语法练习的方式一般是将母语句子翻译成英语。在强调阅读作为英语教学的主要目标的同时，考虑对学生听、说、写能力的培养，这样的教学法在很大程度上有助于学生英语知识体系的建构。此外。强调母语和目标语言的共同使用。这样在课堂上，教师适当地采用母语进行解释，尤其是针对具有抽象意义的词汇和母语中所没有的语法现象，既省时省力又简洁易懂；再者，将英汉两种不同的表达方式进行比较，可以提高学生正确运用目的语的能力，因此在教学中可以灵活采用。

教学法能否调动学习者的学习兴趣是保证教学质量的关键，因此，在教学中教师应该确保学习任务的多样性。教师在设置任务的时候要以激发学生学习兴趣和成就感为出发点，围绕特定的交际和语言项目，设计出具体的、可操作的任务，让学生在任务的驱动下学习语言知识并进行技能训练，在感知、认知知识的过程中达到学习和掌握语言的目的。活动可围绕教材但不限于教材，要以学生的生活经历和实际交际活动为参照，不仅要有利于学生英语知识的学习、语言技能的发展和运用能力的提高，还应有利于促进英语学科和其他学科之间的相互渗透和联系，使学生的思维能力、想象力、协同创造精神等综合素质得到提高和锻炼。比如上课之前让学生利用课余时间通过图书馆、网络等媒介查阅相关资料，了解本单元的中心主题；建立学习小组。成员之间互相检查背诵、记忆教材内容或者根据课程内容提前安排小组排练表演并进行课堂展示等；在课堂上鼓励学生积极参与到各项学习、讨论、陈述中。由于学习任务包含有待实现的目标和需要解决的问题，因此会激发学习者对新知识、新信息的渴求。这样，学生通过实施任务和参与活动，就能促进自身知识的重组与构建，摄入新信息并与学习者已有的认知图式进行互动、连接、交融与整合。

在教学中教师应通过模拟真实情境来拓宽教育空间，增强学生的感受性，强化参与意识，从而有效地提高教学效果。传统的课堂教学被局限在教室中进行。现代信息技术的广泛应用使教育空间的拓展成为可能。教师可以在课堂教学中借助网络教学设置，为学生创设真实的语言环境或模拟情境，在模拟的情境中完成语言知识的学习和操练，在实践中提升交际能力。传统教学法的弊端之一就是教学法给学生造成一种距离感，形成“你讲我听”的被动状态。而情境教学法由于教师根据教材和心理理论创设了有关情境，鲜活的教学内容，缩短了师生的心理距离，强化了学生积极参与的意识。情境教学法强调在英语教学中充分利用生动、形象、逼真的意境，使学生产生身临其境的感觉，利用情境中传递的信息和语言材料，激发学生用英语表达思想感情的欲望，促进学生的语言能力及情感、意志、想象力、创造力等的整体发展情境教学法的教学实践是以课堂教学为主线，综合运用多种办法创设真实语言情境，营造英语氛围，实践交际。教师可以鼓励学生在课后使用视听设备和语言实验室来放映英语电影，收听英语广播、收看电视节目，通过情境、视听教学，让学生把握地道的语音、语调和了解西方的文化背景。情境教学法既能突破传统英语课堂教学的狭隘性、封闭性，拓宽教学空间，又能引起学生的兴趣，唤起学生的参与意识，提高教学质量，对英语课堂教学来说是一种切实可行的教学法。教学要以重视、发展语言技能和交际能力为主，应采用多种交际功能项目，保证交际的趣味性。

由此可以看出，每种英语教学法自有它产生和存在的条件。在实际教学中教师应该仔细研究各种教学法的特点。熟悉并掌握其中的技巧，不能盲目地推崇某一种教学方法，否定另一种教学方法。应根据教学活动的具体情况综合使用各种教学法。事实证明，没有一种单纯的教学方法是万能的，过多地依赖或推崇某一种教学法的做法往往会在具体的教学实践上产生某种偏差。这不利于英语教学的进一步发展与提高高校英语教学大纲要求。教师不仅要向学生传授语言知识，训练语言技能，还要培养学生运用英语进行交际的综合能力。这一要求是立体的、多层次的，而且当前大学生获取知识的渠道多样化，自学能力强，所以，教师在教学中必须秉着客观、实事求是的态度，结合教学特点、学生的实际情况以及现有的教学资源，选择合理的教学法，从而有效地开展高校英语教学。

第二节　多模态与高校英语课堂教学的结合

一、高校英语多模态课堂教学理论基础

（一）哲学基础

1. 主体间性哲学观与间性理论

19 世纪末 20 世纪初，西方哲学开始转向现代语言哲学，在某种意义上，这种转向标志着主体性哲学转向了主体间性哲学。“间”意为“在……之间”。从本体论来说，“间”揭示了主客观事物存在的普遍方式。主客体都不可能孤立地存在，主客体只有在相互“之间”的作用与影响中才能生存。间性的概念最早源自生物学研究，因在神经心理学、认知科学等领域的相关研究和发现而备受关注，逐步应用于哲学、美学、文学、艺术、教育等人文学科，并成为一种新的理论共识。所谓“间性”，主要指一般意义上的关系或联系。间性理论作为主体间性、语言间性、文本间性、文化间性、媒体间性等诸理论观点的综合，强调“你中有我，我中有你”，其哲学理论基础是主体间性。作为 20 世纪西方哲学凸现的一个范畴，主体间性理论是一种反主体性、反主客二分的近代哲学思想和思维模式，强调主体与客体的共在性、平等性，关注主体间对话沟通、作用融合及不断生成的动态过程。

尽管作为当代哲学的世纪之谜，主体间性理论视角具有自身的缺陷和局限性，但已经成为不同研究领域和研究方法的交汇点，并逐步衍生出一系列基于主体间性哲学观的理论视角，如媒体间性、语言间性、文化间性、文本间性等。间性理论为美学、文学、文化学、社会学等各学科研究，特别是为跨学科研究提供了哲学基础，也为英语教育研究开阔了新的视野。

除了以上所讨论的主体间性的基本概念以及间性理论中“你中有我，我中有你”的哲学内涵，其他相关概念如媒体间性、语言间性、文化间性、文本间性等也是学界所关注的重点。

媒体间性，有时也称作“媒体相互性”，指的是现代媒体的相互关联，即媒体之间从信息内容到技术形式基于社会间性的综合、整合、转换与演变。所有媒体都兼具个性与共性，媒体间性就是媒体以共性为基础的个体差异性之间的桥梁。新媒体强化了师生主体之

间、学生主体之间的主体间性，新媒体的多向性和互动性也加速了主体间性的进程。

语言间性是指语言的指称功能、意动功能、交感功能之间表现出的不协调和错位。换句话说，语言间性是指语用双方主体在沟通过程中客观存在的空间障碍。由于语言内在的差异性，会带来语用双方理解度的波动性，而这种波动则预示了语言系统的二元性特征(开放性和封闭性并行)，从而决定了语义的二元性。语义的弹性特征导致了语用双方的沟通仅仅只是一种可能。作为二语习得研究领域中一个相当重要的概念，中介语就是语言主体间性的一个主要表现，中介语是第二语言学习者在第二语言学习中形成的一种特定的语言系统，这种语言系统在语音、词汇、语法、语用等方面，既区别于母语，也不同于目的语，而是一种随着学习的发展向目的语的正确形式逐渐靠拢的一种动态的语言系统。

文化间性，也叫跨文化性。间性思维模式应用于文化学领域便派生出文化间性问题，从某种意义上讲，文化间性就是主体间性问题在文化领域的具体体现，它体现了从属于两种不同文化的主体之间及其生成文本之间的对话关系，表现出文化的协同共存、交流互动和意义生成等特征。在高校英语教学中，通过文化间性研究，有助于加强线上的跨文化素养。

通过分析大学英语课程的学科属性及其教学系统的四要素，我们认为，主体间性、媒体间性、文化间性、文本间性等间性理论视角是探讨解决大学英语教学的重要哲学基础。

教育技术与大学英语课程的整合充分体现了间性理论作为现代英语教育哲学基础的重要性。教师、学生、教学内容、教学媒体四大要素不是简单地、孤立地拼凑在一起，而是彼此相互联系、相互作用而形成的有机整体。在现代信息技术条件下，现代教学媒体的作用越来越显著，它改变了其他三大要素及其之间的关系，极大地提高了系统内部各要素之间信息传递和转化的效率。

首先，对于教师主体来说，教学媒体是组织、实施教学的一种重要工具，恰当的媒体运用可以减轻教师的常规工作，促进教师与学生主体之间的互动；对于学生主体来说，媒体则是一个认知和交流的工具，有利于学生有效地获取知识、发展认知能力、提高认知水平；根据主体间性，教师主体与学生主体之间具有显著的交互性，学生主体的中心地位离不开教师主体的主导作用，这是“以学生为中心、以教师为主导”教学思想的哲学基础。其次，在现代信息技术条件下，师生主体都是具有一定媒体素养的人，而且往往具有一定的不平衡性，由于信息技术的迅猛发展，学生的信息素养可能会优于年龄较大的教师，在教学过程中学生可能会在新技术应用方面发挥着重要的作用，影响着教师主体及教学结构的取向。最后，新媒介条件下，教学内容资源化趋势明显，教材也从传统的单一的印刷图书转变为立体化的教学资源，教学内容更具多样性、易于获取性，在媒体形式上呈现出多元化、数字化的发展趋势。

2. 间性理论指导下的多模态课堂教学原则

（1）基于主体间性的交互性教学原则

坚持主体间性的语言观和英语教学观有助于还原英语教学的本真特点。主体间性所提供的新的哲学范式和方法论原则，将对英语教学的目的、过程和师生关系等产生积极而深远的影响。在英语教学活动中，教师和学生是活动的主体，以课程、教材及其他教学资源为载体的教育内容构成他们共同作用的客体，其实践结构的模式是“教师—教育内容—学生”。

主体间性理论的实质是主体交互性，目前我国高校英语教学中普遍遵循的“教师主导—学生主体”的教学原则就是主体间性理念的重要体现。一方面，主体间性理论强调主体间的主观性和能动性，重视文化深层交流中体现出来的人性；另一方面，主体间性理论并非完全否认主体性，而是认为主体性应该建立在主体间性的基础之上，给我们的启示是，既要强调主体互动，又要注意学习者个性差异。教育活动是学生的主体性和主体间性的统一。

（2）基于媒体间性的多模态教学原则

探讨媒体间性，有利于课堂教学媒体、模式和模态形式的创新。媒体间性本身不是一个新生事物，随着新媒介时代的到来，媒介融合日益深化，人们越来越关注媒体间性的研究。

媒体间性通常有三层含义：第一，指不同媒体的综合与配合，即多媒体；第二，指同时运用几种模式的交流，即多模态；第三，指具有构件属性的媒体之间相互融合、相互依赖的关系。因此，多媒体、多模态、超文本性等都是媒体间性的重要体现，它们改变着人类关于识读能力的界定和标准，因而也改变着教学理念、教学手段和教学方法。新媒介为学生创造了无处不在的学习环境和立体化、数字化的“泛在学习”模式，为课堂教学注入了新的活力，强化了学习意义系统，扩展和改善了人际社会互动，构建了丰富的学习生态环境和学习文化。

多模态化不仅是教学媒体的表征，更是交互性原则和跨文化原则在教学实践中的实现。多模态教学极大地丰富了英语教学资源，拓展了意义表达的方式，促进了教师角色的多元化和教学资源的数字化。信息技术的不断更新，使学生可以选择在学校网络自主学习中心的多媒体机房、语音教室、校园局域网、网吧、手机、iPad 等多媒体条件进行学习，为学生创造了立体化、数字化学习环境。教师必须与时俱进，积极探索多媒体、多模态的教学与研究。

经济全球化、交流信息化、文化多元化和语言多样性的背景下，新的交际媒体正在重塑我们使用语言的方式。为了适应现实生活、学习、工作的数字化需要，学生要熟练地进行多模态的交流，不仅要学会运用多媒体收集和分析信息，还要学会运用故事、报告等不同的文体以及书面、视觉、口头、色彩等多种模态，开展有意义的数字化学习和交流。数字化交流远远超越了传统的文字和文本模态，还可包含静态图表、画面、动画、色彩、音乐、录音等。多模态化是数字化英语教学的重要特征。高校英语教学面临着向数字化、多模态的教学转型。

（二）教育学、心理学理论基础

1. 高校英语教学研究的学科定位

英语教学的实践一再证明，语言教育是一个由各要素组成的多层面立体结构，除语言这个要素外还直接与教育学、心理学、社会学等直接相关，涉及教材、教师、学生、教学目标、组织管理等诸多内容，远非语言学所能涵盖或取代。基于“教育学—各学科的教学—英语教学”这样的路线图，英语教育应当归属于教育学，而不能简单地把英语教学划入应用语言学的范畴。把英语教学纳入教育学的范畴，出发点是教育实践，重点是语言在教学过程中所起的作用，正是这些重要特征使得教育语言学成为一门独立的学科。从教育语言学的理论视角研究高校英语教育教学，无论是在理论上还是在实践中都更具合理性。

鉴于英语教学的教育语言学学科属性，我们在研究中重点从教育学学科领域寻找高校英语教学研究的理论基础，特别是教育学、心理学、课程与教学论以及其他与教育学整合而形成的交叉学科理论，如教育心理学、教育生态学和英语教育技术学。

2. 认知负荷理论

认知负荷理论是继建构主义理论后又一个对教学起着重要指导作用的心理学理论。根据认知负荷理论，认知图式组织并储存人类知识，极大地减轻了工作记忆的负荷。而新信息必须在工作记忆区进行处理，以便建构图式，然后通过反复成功地应用，图式就会自动化。在工作记忆区处理信息的轻松度是认知负荷理论最关注的问题。认知负荷理论认为教学的主要功能是使学生在长时记忆中存储信息。知识以图式的形式存储于长时记忆中。长时记忆中的图式是一种知识框架，在学习新的材料时，具有中央执行官功能。在学习新材料时，如果能从长时记忆中获取这类知识框架，材料就可以通过知识框架所提供的方法来进行学习；如果不能获得关于这些材料该如何组织的知识框架，则须采取随机学习的方式。

认知负荷是表示处理具体任务时加在学习者认知系统上的负荷的多维结构。这个结构由反映任务与学习者特征之间交互的原因维度以及反映心理负荷、心理努力和绩效等可测性概念的评估维度所组成。可能会影响工作记忆负荷的因素主要包括：学习任务本身的内在本质（内隐认知负荷）、呈现任务的方式（外显认知负荷）、学习者自愿用于图式建构和自动处理的认知资源量（关联认知负荷）。教学过程中，外显认知负荷给学生带来问题的程度主要取决于内隐认知负荷。如果内隐认知负荷强度大，就必须降低外显认知负荷；如果内隐认知负荷低，因不恰当的教学设计而造成的高度外显认知负荷就可能不造成伤害，因为总体认知负荷没有超出工作记忆的极限。进而，如果内隐和外显认知负荷的总量还留有额外的处理信息容量余地，就有必要鼓励学生将适当的认知负荷投入到学习中，特别是用于图式建构和自动操作。

3. 学习理论

现代科学发展的特点之一是学科交叉影响，互相渗透。教育心理学是教育学和心理学的交叉学科，学习理论研究是教育心理学的核心内容，对高校英语教学与研究具有重要的指导作用。

自20世纪以来，关于学习运行机制的研究，涵盖了行为主义、认知主义、建构主义、社会建构主义和联通主义等理论流派的发展演变。20世纪经历了数次主流学习观的变迁：从行为主义学习理论的知识习得观，到建构主义的知识建构观，再到社会建构主义的参与观（或社会协商）。行为主义、认知主义和建构主义为英语教学整体研究提供了坚实的理论基础。

行为主义学习理论把学习看作“刺激—反应”过程。用这种学习观指导语言学习时，强调语言技能训练的重要性，认为语言学习就是以“刺激—反应”为原理而形成的机械性语言操练，是语言知识的灌输，其目的是使学习者形成一种语言习惯。即使在计算机网络辅助英语教学很发达的今天，行为主义学习理论依然在一定的学习阶段，特别在语言技能训练方面，发挥着积极的作用。

在新媒介时代学习环境构建中，最容易把技术作为中心而忽略了学习的中心地位，以技术为中心的设计侧重技术能够做什么，技术是教学的工具，其目标是使用技术辅助教学。所以，多媒体学习认知理论强调以学习者为中心的设计，关注大脑学习的机制，关注学习、记忆的效果，而仅把技术当作学习的助手，其目标是运用技术促进学习有效性。

4. 英语教育技术学

教育技术学是把应用新的技术、手段和方法来优化教学过程与教学资源作为研究对象的学科，是具有方法论性质的学科。在我国，教育技术学已经发展成为一门独立的学科。信息技术与课程整合研究的发展，使英语教学形成了新的教育信息化教学范式。新范式的形成和转换意味着一门新学科的形成。作为一门独立的学科，英语教育技术学的建设刚刚起步，有一系列的理论问题需要我们不断地探讨，从而运用该学科理论研究成果，探索英语课程与教育技术整合的新模式、新方法、新环境，进而在实践中不断丰富和完善英语教育技术学科体系。

（三）语言学理论基础

1. 中介语理论

中介语理论是在认知心理学的基础发展起来，石化现象是普遍存在于中介语习得过程中的一种心理机制，与语言形式的正确性没有关系，换言之，正确的和不正确的语言形式都会石化。石化现象的产生，既与特殊的社会文化环境有关，也与英语学习者本身素质相关联；既与固定模式化的教育体制和不恰当的教学方法有关，又与英语学习者的认知心理偏差相关联。学习过程中，内外因的共同作用导致了学习者大脑中语言知识的固化。为此，我们要用科学理性的眼光和宽容的态度，来看待学习者的语言错误，辩证地看待和理解中介语及中介语石化现象，这将有助于我们进一步认识控制石化现象的潜在的内部机制，提高二语教学效率。汉语水平变量通过直接或间接路径对学习者的英语写作能力产生影响，其中汉语写作能力、汉语词汇能力和汉语语篇能力对英语写作影响显著。英语水平在汉语能力变量向英语写作能力的迁移中起着制约作用。

2. 计算机辅助语言教学

计算机辅助语言教学（CALL）是探索并研究计算机应用于语言教学的科学。媒体技术在我国高校英语教学中的应用和研究源远流长。20 世纪七八十年代，高校英语教师手提录音机到教室开展听力教学似乎是件新鲜事；90 年代初开始，高校语言实验室的普及大大促进了听力、口语、写作和翻译教学；90 年代末，网络语言实验室成为高校改善英语教学条件的主要标志；21 世纪初以来，全国高校英语课堂教学几乎全部使用多媒体教室，同时，各校纷纷建立网络英语自主学习中心，形成了多媒体课堂教学与网络自主学习相结合的高校英语教学新局面。

计算机辅助语言教学的发展表明，英语教学与教育技术应用之间的关系特别紧密，教育观念的更新与教育技术的发展之间呈现出相互作用、不断融合的态势。近年来，多媒体、多模态教学理论的探讨和应用，有力地推动了教育技术与英语整合的研究和探索，是英语教学研究的热点。

3. 我国的英语学习理论研究

长期以来，我国学者在二语习得理论研究方面主要靠引介国外理论，并结合我国英语教学实际开展应用性的研究。但是，我国的英语学习与西方的第二语言学习有着完全不同的特点，必须从我国英语教学的实际出发，对国外的语言教学理论，尤其是第二语言习得理论采取谨慎的态度。在吸收和借鉴过程中，要充分考虑到中国学生学习英语的特殊性，从而建立一套具有中国特色的英语教学理论体系和切实有效的方法。

二、高校英语多模态课堂教学设计模型建构

（一）多模态研究相关概念

1. 多模态

多模态指的是通过整合、编排或编织多种不同模式的符号资源而形成一个语篇。从人类感知通道的角度，多模态就是同时使用两种或两种以上的模态。人类生活在多模态的世界里。人们通常都是运用多模态来感知和交流的。例如，学生在课堂上学习，一边听教师讲（教师的“言语”模式所对应的是学生的“听觉”模态），一边看教师的动作演示和在黑板上的板书（教师的“手势、姿势”和“书写”等模式所对应的是学生的“视觉”模态）。值得注意的是，有些模态，按照感知模态的划分标准，只是一个单模态，但却涉及两种或两种以上符号系统，也就是说，按照符号系统多少的划分标准，这些模态也是多模态的。

2. 多模态话语

多模态话语是相对于单模态话语而言的。根据话语涉及的模态数量，只有一种模态的话语是“单模态话语”，如广播仅涉及听觉（言语）模态，一份文字通知仅涉及视觉（语言）模态。同时涉及两种或两种以上模态的话语就是“多模态话语”。根据社会符号学，多模态话语则指在一个交流成品或交流活动中不同符号模态的混合体；换句话说，在一个特定的完整的话语中不同的符号资源协同地构建意义、实现交际目的。

3. 高校英语课堂话语的多模态属性

随着现代信息技术的日新月异和人类交际模式的日趋多样化，话语的多模态现象日益显著，这就是话语的多模态化。话语的多模态化反映了媒体形式的多样性、人类活动的多维性、人脑结构的完备性和复杂性以及人类认知的多模态性。作为现代话语的一个突出特

点，话语的多模态化在课堂教学话语中表现更加突出。在基于计算机和课堂的多媒体教学模式中，高校英语课堂话语具有典型的多模态属性。这是现代信息技术与高校英语课堂教学整合的结果，也是高校英语教师更新教学观念的结果。

（二）MAP应用于高校英语多模态课堂教学设计应当遵循的原则

1. 以3M为教学条件，彰显媒体间性，促进“教”与“学”

在计算机与大学英语课程的整合中，“三多”（多媒体、多模式、多模态）是教学媒体要素在新媒体时代的重要表现，充分彰显了媒体间性的作用。基于MAP的高校英语课堂教学设计要充分发掘媒体间性的作用，在充分发挥教师主导作用的同时，要真正体现学生的学习主体地位，最大限度地促进“教”和“学”。首先，教师要主动运用多媒体、多模式教学手段，丰富教学资源，创建数字化学习环境，改进课堂教学效果。其次，要引导学生有效利用良好的教学资源和数字化学习环境做好课前预习，并为学生课堂学习设计恰当的任务，让学生在各种学习活动中积极主动学习新知识、新技能。

2. 以PIE为整体原则，强化参与互动，追求有效教学

PIE代表有效性、互动性和参与性这三个原则，在MAP模型里，被视为一个整体原则。根据多媒体、多模式、多模态课堂教学的特征，以主体间性、媒体间性和文本间性的思想为引领，通过交互式教学，强化学生参与度，追求课堂教学的有效性。多媒体、多模式、多模态课堂教学并非等同于有效教学。课堂教学娱乐化也是多媒体教学需要警惕的一种现象，缺乏互动性、缺乏效率的多媒体课堂教学在高校英语教学实践中也相当普遍。

3. 以APPLE为要素，加强教学设计，实施多模态教学

基于MAP的教学设计主要是利用多媒体、多模式、多模态教学优势，把PIE整体性原则贯穿于课堂教学组织的APPLE设计中。APPLE的教学设计以间性理论、社会建构主义学习理论、输出驱动假设、多媒体学习认知理论、情境认知理论等为指导，突出教学设计的整体性、教学主体的互动性、教学的多模态化和跨文化性。APPLE代表五个教学环节或者教学组织形式，它们之间相互支撑，根据教学内容和对象，每节课的设计在五个方面可有所侧重，可以重新组合或者取舍。

4. 倡导社团实践，加强课外学习，创新学习文化

在基于计算机和课堂的多媒体教学模式中，网络自主学习与协作学习是大学英语课程教学的重要组成部分，倡导社团实践有助于加强课外学习效率，有助于创新协作型大学英语课程学习文化。社团实践的学习理念充分体现了主体间性、文化间性和媒体间性的思想

和原理，为高校英语课外学习提供了丰富的学习理念和方法。

高校英语教学改革的关键是教师，必须充分调动教师主体的积极性和主观能动性。在教学过程中，我们发现，与这些随着数字化发展而成长起来的一代学生相比，任课教师的信息素养还普遍较低，多模态教学改革对高校英语教师具有相当大的挑战性。这也是主体间性视角给教学管理者的提醒。在数字素养发展不平衡的师生主体之间，教师必须率先改变观念，主动为创新教学模式“放下身价”，乐于与学生合作，共同提高多元识读能力，充分利用多媒体教学条件，最大限度地调动和促进学生的多模态学习，使学生不仅通过听觉、视觉等模态加强信息输入，又作为交流主体，通过口头、书面、电子和身体动作等交流模式，强化反馈、互动等输出机制，实现有效的语言学习。

第三节　语料库语言学与高校英语教学的结合

一、语料库在英语词汇教学中的应用

（一）语料库与语料库语言学

语料库就是对海量自然语言材料进行处理、存储、检索、索引以及统计分析的大型资料库。尽管早在18世纪人们就开始尝试建设语料库，但由于技术手段的限制，在很长一段时期它的发展缓慢而艰辛。随着计算机处理速度的飞速提升以及存储能力的扩大，语料库建设和基于语料库的语言学研究在近年来取得了飞速的发展，日益成为语言学界关注的焦点。特别是在方便、迅捷的计算机定位检索管理软件的有力支持下，语料库在容量增大的同时，功能也变得越来越强大。通过对存放在计算机里的大量真实语料的检索分析，研究者可以获得构词、搭配、语境、修辞等多方面丰富的语言信息。

在教学方面，语料库以其宏大数据库为基础，为编写辞典、语法书及各种教材提供了海量而又鲜活的真实语言原料。近年来，语料库在教学中的应用日益广泛，涉及词汇大纲和教材编写、词汇教学、语法教学、语篇章分析、错误分析、机辅语言学习、机器翻译、语言测试及学生自主学习能力培养等。

（二）语料库在高校英语词汇教学中的应用

1. 利用语料库进行词语搭配教学

搭配是在文本中实现一定的非成语意义并以一定的语法形式因循组合使用的一个词语序列，构成该序列的词语相互预期，以大于偶然的概率共现。词的意义不是孤立的，能从与它结伴同现的词中体现出来。词项的结伴规律、结伴词项间的相互期待与相互吸引、搭配成分的类连接关系等都是词语搭配的形式属性，都是词语搭配研究的重要内容。

2. 利用语料库进行语义教学

语义韵是语料库语言学研究的重要课题，可分为积极、中性和消极 3 类。在消极语义韵里，关键词吸引的词项几乎都具有强烈或鲜明的消极语义特点，使整个语境弥漫一种浓厚的消极语义氛围。积极语义韵的情况正好相反：关键词吸引的几乎都是具有积极语义特点的词项，由此形成一种积极的语义氛围。在中性语义韵里，关键词既吸引一些消极含义的词项，又吸引一些积极含义或中性含义的词项，由此形成一种错综的语义氛围。因此，中性语义韵又可称作“错综语义韵”。绝大多数英语词的搭配行为呈现出错综语义韵的特性，一些词项具有强烈的消极语义韵，另一些词项则有明显的积极语义韵。

（三）语料库研究对英语词汇的教学作用

1. 通过词频的统计研究，量身打造不同阶段英语学习者的必备词汇

词频统计研究最直接的应用就是编制词频表，依此来确定不同等级的高频词汇范围与数量。英语初学者只能把有限的精力投入到学习最常用的词汇上。最常用的词汇并非凭知觉和主观经验判断来确定的词汇，而是基于语料库的词频统计研究得出的高频词汇。由此，词频统计研究直接作用于词汇教学中，对“教什么样的词”的决策，是客观有效的。

高频词表极具价值，一方面帮助确定词汇教学的内容，找出教学重点，安排教学次序，为教师与学习者提供各种有效参考；另一方面能满足不同学习者的需求，获得学习英语词汇的最佳回报，从而增强英语词汇学习的信心和浓厚的学习兴趣。

2. 通过词语的搭配研究，准确使用英语词汇

词语搭配是语料库的词汇研究中最活跃的领域，处于语料库语言学的中心地位。搭配是词语经常一起使用的方式。“经常”的含义是：词汇项目在文本里反复共现，同时出现，体现出一定的典型性，而不是一种可能性。通过词语搭配研究，可以获得限制词语同时使用的一些规则。例如：哪些前置词与特定动词同时出现，哪些动词与有关名词同时出

现等。

3. 通过提供词汇句法层面知识信息，正确运用句法

词汇教学的内容包括词汇形式、发音、拼写、词根、词源、使用词汇的语法规则、搭配、功能、意义等多个方面。显然，在如此丰富的内容里，除了基本的音、形、义之外，还有非常重要的关于词汇的句法方面的知识信息："使用词汇的语法规则"以及"功能"都涉及词汇的句法层面。因此，词汇教学的范围并非局限于"词"的框架，而应该拓展到"句"甚至是"篇"的范畴。

英语词汇教学中，在提供词汇句法层面，语料库有着独特的优势。其丰富的自然发生的语料能让教师和学习者获得目标词汇最常用的词性、搭配以及组词成句的规则等方面的信息。通过对包含目标词汇的语句的统计和研究，可以获得其词频信息、义频信息以及最常用的词性信息，增强词汇教学与训练的针对性；通过观测词语搭配情况，可以获得自然语言发生时真实的常用搭配，以此来指导有关词语运用规则的制定，甚至对有关规则进行修正。

4. 通过提供词汇的运用语境，呈现多样例句

在英语词汇教学研究中，大多数成果表现为对词汇教学的方法、技巧、策略方面的研究与探讨，而对于另外一个重要环节呈现的关注并不多。词汇教学离开"呈现"这一环节，如何让学习者一接触词汇就留下深刻的印象，是一项重要的研究课题。在关于英语词汇教学呈现方式与效果的实证研究中，发现举例环节在词汇教学呈现过程中对词汇教学与学习效果产生重大影响。所以，举例是英语词汇教学呈现中一个重要讲授内容。

传统词汇教学的呈现操作模式中教师举出的例句往往随口说出，信手拈来，至于例句的内容，只要包含了目标词汇，往往不做过多的考虑。这样所举例句往往是语法上完全正确，在实际生活中可能很少使用的非真实语句。这种举例仅仅是说明了目标词汇的使用规则，把相关词汇放入一个语法上无可挑剔的句子中，来解释词语的应用规则。而它的随意性与非真实性直接影响了词汇教学呈现环节的质量，削弱了呈现效果。为避免这一弊端，就必须利用语料库所提供的海量的自然发生的语料，来进行例句练习。

教师在词汇教学的呈现时，参考并选取语料库中相关的真实语句作为例句，一方面可以使举例之于呈现环节更加有效，另一方面，可以得到目标词汇的各方面信息——高频搭配词项、高频运用义项以及常见运用词性等。此外，因语料库所收集语料的丰富性、真实性和新颖性，使学习者在首次接触例句时就留下比较深刻的印象，实现对目标词汇较深刻的理解，从而获得更牢固的储存效果，还能让学习者摆脱枯燥的词汇学习状态，以浓厚的学习兴趣，持久地学习词汇。

二、语料库在英语口语教学中的优势及应用

（一）英语口语语料库的现状

口头交际与笔头交际是人类交际的两种主要渠道。就口语而言，服务行业的对话与口述早就为语言学家注意，前者如商店、银行、旅馆、饭店里顾客与服务人员的对话等；后者如讲故事、讲笑话等。不同的口语语体有各自的语言风格。近年来对口语语体研究的范围不断扩大，如对法庭对话的研究以及求职面试的探讨，还有些语言学家对商务会谈、电视访谈、网上聊天等也表现出浓厚的兴趣。现代口语语料库的出现对口语语体的纵深研究起到促进的作用，更重要的是给英语教学带来了全新教学理念。

把录音的内容转写后就可以建立一个口语语料库，然后再通过索引软件提取自己所需要的内容，这已经被广泛运用于语言研究和词典编纂中。有专门的口语语料库，而有些口语语料是综合语料库中的一部分，前者为纯口语语料库，后者为非纯口语语料库。

（二）语料库用于英语口语教学的可行性及优势

学习者的英语口语能力由四个部分构成，分别是：基本的语音能力、词汇语法能力、话语能力、语用能力。语料库在发展的初期，只进行词的一般分析，如词频统计等，随着语料库语言学的发展，语料库已经不只进行一般的词频统计，而是增加了词的语法属性标注（如词性等），现在更是愈加重视对语料库作不同层次的标注，如语音、构词、句法、语义以及语用等层次的标注，重视语音特征研究，话语结构研究，语用策略研究等。现在人们普遍认为语料库的发展对英语教学几乎所有分支领域都具有启发和引导作用。在语料库的帮助下，教师很容易找到大量生动而自然的口语表达例句提供给学生，帮助他们掌握、积累更多的表达方式，理解和掌握句子在口语中的实际用法，进而帮助他们克服畏难情绪，激发他们说英语的积极性和表现欲，提高口语表达能力。同时，通过指导学生就特定话题查阅和检索语言资料，帮助学生逐步养成探究型的学习方式，培养他们自主学习的能力，真正体现以学生为中心的教学理念，使学生终身受益。

（三）语料库在英语口语教学中的应用

1. 口语语料库对高校英语口语教学的促进作用

在具体的教学实践中，教师对学生所表达的内容很少进行系统的归纳和总结。口语语料库的出现为英语口语教学和研究提供了崭新的平台。利用语料库对比方法，从本族语者

和学习者的语言输出中提取对教学有用的信息，能够改进英语教学。从促进英语口语教学的角度，英语口语语料库的作用主要表现在以下几个方面：

第一，帮助学生扩展语言输入的范围，提高学生英语口语水平。从英语教学的角度来看，语言输出必须建立在大量的语言输入的基础上，输入语言的量成为提高英语口语水平的重要指标。语料库使学生有机会接触各种语体，扩大了他们的视野，增强了语言输入的内容和范围。

第二，通过运用语料库语言学的方法，提高英语口语教学效果。通过建立学生口语语料库，将其与以英语为本族语的口语语料库进行对比，教师能对学生口语表达能力有较为全面和客观的了解，并从中发现学生英语口语表达中存在的共同错误和典型问题，以确定教学中的难点与重点，使口语教学更有针对性，从而大大提高口语教学效果。此外，口语语料库还能够为编写英语口语教材和制定英语口语教学大纲提供准确和客观的数据。

第三，倡导数据驱动学习，培养学生语言自主学习能力。口语语料库能为学生的探究性学习活动提供素材，在英语课堂教学中引入语料库可以促进数据驱动学习，帮助学生培养英语自主学习能力，达到由“学会”向“会学”的转变。通过语料库，学生可以在语境中分析、归纳某个语言现象的意义及语言规律。同时，学生通过对目标语各种语境的语言进行分析归纳，发现规律，建构自己的知识体系，逐步培养自主学习的能力。

2. 英语口语语料库语言是教科书的有效补充

（1）弥补教科书单一的教学内容

口语语料库大大地扩展了语言输入的范围，通过语料库，除了课本以外，学生可以有机会接触各种语体。

（2）为英语教师提供最真实可靠的语言信息

口语语料库无疑为口语教学提供一个可靠的语料来源。英语教师可根据自己的教学目标选择相关语料，同时，通过词语大师（Wordsmith）等索引器提取自己需要的语言项目（如固定搭配、介词用法等）。

（3）使英语教学内容建立在真实材料基础上，使所学内容更贴近生活实际

口语语料库的使用使他们学到的语言更加接近生活实际，避免课本语言与实际交际语言相脱离，学以致用，增强学生的学习动机和学习兴趣，克服“学非所用”带来的沮丧及其他负面影响。

（4）有助于开展任务型学习活动和实施材料驱动语言学习

口语语料库为探究性学习活动提供素材。通过语料库，要求学生在语境中分析、归纳某个词的意义以及搭配规律。在英语学习中，语言学习者认为语言成分的搭配是比较自由

的，其实这种自由度在地道的本族语表达中是非常有限的。人们越来越意识到固定搭配在英语教学中的重要性。在我国英语学习者的英语表达中，不难发现这类例子：词汇和语法没有问题，然而，都不符合地道英语表达方式。因此，要说地道的英语就必须注意英语的固定或习惯表达形式。口语语料库无疑提供了一个地道的语境和素材。学生通过对目标语各种不同语境的语言进行分析归纳，发现规律，强化在做中学，建构自己的知识体系，提高探究性学习的能力。

（5）更重要的是教师和学生可以合作建立英语学习者口语语料库

通过建立英语学习者口语语料库，师生对语料库进行比较分析，找出英语学习者口语失误规律，课堂教学活动才能做到对症下药、因材施教。此外，教师和教材的编者根据学习者语料库分析提供的信息来设计教学内容和材料。目前中国英语学习者语料库的内容主要是笔头语，英语口语学习者语料库的建设在口语教学中意义深远，大有可为。

诚然，必须意识到，在指定教材长期统治下，师生对教材的定式思维自然会对口语语料库的使用产生一定的抵制，因为语料库中的语言材料毕竟不像指定教材那样“整洁”，而是“破碎”。因此，师生的观念需要改变，只有师生能充分发挥“双主体”的作用，才能全面提高课堂教学质量。

3. 口语语料库在课堂教学中的运用

在英语学习环境中，口语语料库是教科书的有效补充，因此在呈现教科书课文的基础上，有必要让学生了解，真正英语本族语人在相似的环境中是如何交流的。比较法更能加深学生对教科书课文和语料库的认识和理解。

语料库可以为学生提供丰富和直观的语言素材，便于激发言说的欲望，使其有话想说、有话可说，从而达到使学生积极发言的目的。更为重要的是，提供了一种学习的方法，学生就某个自己关心的话题可进行自主查阅资料、积累语料，提高自主学习的能力和主动性。学生在上网的时候除了 QQ、游戏、邮箱、娱乐新闻、看电影之外，不再因为不知道做什么而蹉跎光阴。

三、语料库在英语写作教学中的应用

（一）语料库在英语写作教学中的优势

1. 语料库可以提供大量真实的语言素材

英语教学重要的目标是培养学生的语言运用能力，教会学生使用活的语言，以便更好地交际。“真实性”也是语言教学中交际活动的最基本概念之一。交际法强调让学习者通过使用目的语来参与相应的活动以增强其自信心，因为只有在实际中运用语言才能达到让学习者接触目的语文化，并对其产生浓厚的兴趣的目的。同时，在第二语言教学中要采用真实语言的理由：首先，为了交际目的而在实际中运用的语言比起为阐述目的语特点而编制的语言更有趣，学习者学习的动力更大；其次，围绕内容展开的实际语言运用使学习者更易习得语言，这是因为实际运用中的语言能为学习者提供较为丰富的“语言大餐”，同时又可鼓励学习者透过语言表层结构挖掘其中的内涵；最后，如果实际运用的语言提供的量达到一定程度的话，可以为学习者复制一个第一语言学习者从出生时就浸在其中的“语言浴”。对那些相信语言学习和语言学的理论描述应该建立在真实数据基础上，而不是在主观臆造基础上的语言学家来说，语料库是非常有用的资源。基于语料库的方法最大的优点在于它能够提供大量的语言数据以及一些语境方面的信息，有利于对语言进行量和质的分析。因此，语料库与本族语者的直觉相比更具可靠性。

2. 以真实语言作为输入材料更有利于语言产出

语言是文章的建筑材料，缺乏这些建筑材料，就很难写出好文章。写作属于语言输出，把语料库与英语写作教学相结合就是为了使学习者通过接触大量真实的语言材料，激发其学习的积极性，理解输入的内涵，使输入成为可理解性输入并被学习者掌握。同时，这种教学方法也使学习者通过运用新的语言知识，不断改正和调节他们原有的语言假设，从而使其语言水平得到提高。在英语学习中运用语言能部分地起到学习者在“自然语言”环境下与本族语者进行交流习得语言的相似的作用。

英语教师应充分重视语料库中大量丰富自然的目标语语料及其有关知识的输入，并引导学生根据语言的真实情况加以使用。这样做能够使学习者清楚地了解目的语中某个词在各种不同语境下的具体用法和不同体裁的文体特征，扩展其第二语言的词汇量、语法知识等，有助于其写作能力的提高。

（二）基于语料库的英语写作教学

1. 准备

在准备阶段，要求教师对语料库及其使用要做到很了解并能熟练使用。在此基础上，还应让学生对语料库的界面和基本构成也有所了解。对学生作语料库的介绍应在语言实验室进行，这样利于学生在教师对之进行讲解的同时即刻进行实际操作，有利于学生提前学会其基本使用方法。

2. 实施

在有了前面的准备之后，即可进入实施阶段。实施可分为两个环节进行。第一个环节为前期课堂教学，在该环节，首先教师应在课堂上对所用语料库作简要介绍，同时引导学生学习并探讨语料库在写作练习中的功能。具体实施时，教师可以设计一些练习先让学生以分组的方式来完成，然后再独立完成，以此培养学生独立使用语料库的能力。最为重要的是，教师要在课上给学生布置一定的写作任务，如利用语料库来查找特定词语的表达方式等，从而使学生学会运用语料库中的资料来分析自己在作文中出现的错误的方法，同时也培养了学生的语言意识。

搭配、语体和体裁等方面给学生设计出练习题，让学生在语料库中找出与之相同或相近的资料进行学习。这样，学生一方面可以学到常用词的搭配方式，另一方面也能逐步地熟悉语料库的使用方法，能把词汇的学习放在句子之中甚至是放在语篇之中来进行，为他们以后的自主学习打下基础。

在后期的教学中，对语料库的使用不应仅限于词汇层面，语篇层面也应加以重视。由于汉、英语篇存在差异，汉语为意合型，即以意义关系达到语篇的连贯，而英语为形合型，即以外显的连接进行衔接，所以衔接就是需要予以关注的一个方面，这也是中国学生在写作时的一个薄弱环节。为此，教师在英语写作教学中应适当讲解英、汉语言间的差异，尤其是向学生介绍体现在写作方面的语言的差异。让学生了解这种差异可以增强学生对语言的敏感度，有利于学生更好地学习英语。同时，语篇结构也是值得关注的。教师应在教学指导中指出这一方面，同时设计出相应的练习，以让学生利用语料库对语篇差异有所了解。

学生在校期间能接触到的语体的类型较为单一，较为有限，所以其语言知识的输入也不足，从事写作时写出的内容也较为空洞。利用语料库，学生可通过观察和数据统计相结合的方式了解不同体裁写作的特点和用词特征等。关注体裁的教法可以用来指导学生对体裁的学习。通过对多种体裁的分析和研究，学生不仅可以掌握各类体裁的特征，还可通过对不同体裁的对比，通过对语步策略和语言特征的分析，了解各种体裁的独立特征和共有特征，从而将之运用于自己的写作实践之中。

3. 评估

在此阶段，教师应组织学生对其所学语料库知识和在使用语料库过程中遇到的问题及其解决办法进行探讨，从中挖掘语料库的更多的使用价值，为日后的学习打下基础。在这个过程中，还应对写作任务完成的情况进行评估。评估是一种重要的学习方式，教师应组织学生对自己和他人写作任务完成的情况进行评估。

4. 自建小型写作语料库

在使用语料库进行教学的同时，教师还应鼓励学生尝试自己创建自己的小型写作语料库，利用该语料库，引导学生分析自己以往的作文中容易犯的错误。教师还应鼓励学生不断地扩充自己自建的语料库，收录易犯错误的例证，或是优美语句，以备学习和参考。

语料库在英语教学的各个方面都已经得到了广泛的应用，以真实可靠的、自然发生的语料为基础的语料库对语言学的各个研究领域都有着非常明显的实用价值。可以肯定，将语料库用于英语写作教学有着重大的意义，作为重要的教学工具，帮助学生在写作中提高语言的准确性，增强文章结构的连贯性，丰富文章的内容。当然语料库在写作教学中的应用远不止如此，其教学效果还有待于进一步做大规模的实证性研究。

四、语料库在英语翻译教学中的应用

(一) 词语的英汉对译

学生在翻译实践中为什么用不上自己所掌握的词汇？其实主要原因就在于英语和汉语中绝大部分词语都不能一一对应。利用平行语料库提供的大量的带有真实语境的例句，学生就能够掌握不同语境中同一词语的不同译法。比如“克服”这个词，学生对于它的英译会脱口而出“overcome”，例如：

(1) 人们用这些小玩意儿克服沉默，与人交往。

英译：People use the gadgets to overcome their reserve and make contact.

(2) 这是一项前所未有的工作，要获得成功，必须克服许多困难。

英译：No one has ever tried this before, and the obstacles to success are enormous.

(二) 固定结构的英汉对译

英语和汉语中都有一些常用的句型和特定结构，在具体翻译时该怎么处理，不是一句两句话能够解释清楚的，通常要求学生对于两种语言的双向掌握，这可以由平行语料库来提供帮助。下面通过“把”字结构的对译来说明这一点。例如：

(1) 它会把我们带到哪儿呢？

英译：Where would it take us?

(2) 最好把沙拉碗弄成彩色的。

英译：Try to get a little color into your salad bowl.

（3）我们把汽车停在她的房子外面，坐在车里谈心。

英译：Parked outside her house，we sat in the car and talked.

（4）他便双手把我抱了起来，并送我回了家，我记得当时认为他是那么高大和强壮。

英译：He scooped me up and carried me home，and I remember thinking how tall and strong he was.

（5）每天我快快乐乐地下山把垃圾倒在堆肥堆上。

英译：I delighted in my daily trip down the hill to dump the refuse on the pile.

（6）她把那首诗放在钱包里作为精神支柱。

英译：She is carrying it in her wallet for moral support.

以上例证可以说明，平行语料库应用在翻译教学中，确实有助于学生解决翻译实践中遇到的实际困难。目前出现的问题是很多语料库的使用还存在一定的限制，在线语料库的语料还不是很充足。随着语料库语言学的不断发展，平行语料库在翻译教学上会有更广阔的使用前景。

第二章　高校英语教学创新思维

第一节　创新教学理念与体现学生主体地位

一、学生的主体性

学生的主体性，是指在英语教学活动中，所有的教学设计和教学行为都是围绕学生而进行的，其处于英语教学的核心位置。学生在教学活动中的主体性与其主观能动性有着密切的关系，人的主体性是其个性发展的核心。一般地，主体性越明显，学生对自己为何而学习的理解程度就越深，这对于其更好地知道该如何去做，如何做得更好是有积极意义的。

（一）学生在英语教学中的地位

1. 学生是英语学习的主体

在英语教学过程中，教师和学生都是参与者，两者都是重要的主体，但是两者所处的环境是不同的，教师是英语教学中起主导作用的主体，其主要职责在于“教”，而学生则主要为了“学”，因此，在英语学习中，学生是主体。

2. 学生是英语教师的合作者

在英语教学中，教师和学生是直接参与的两个主体，同时，英语教学中有些项目动作是需要英语教师和学生共同来完成的，因此只靠教师的教是无法达到教学目的的，需要学生的配合，才能使教学活动顺利进行并保证教学效果。

3. 学生是英语文化的继承者和创造者

学生在英语学习过程中的一个重要学习任务就是不断汲取英语的相关知识，如英语文化知识，这样才能对英语的理解和感悟不断更新升华，形成创新性的英语文化。与此同时，学生在英语文化方面也要具有一定的创造力，通过不断的创造，来使所学的英语文化得到良好的传承和发展。

（二）学生主体性在英语教学中的体现

学生在英语教学中的主体地位是毋庸置疑的。一般地，英语教学活动中学生的主体性可以从以下几个方面得以体现。

1. 对教育影响的选择性

教师的教育影响并不能让学生全盘接受，只有那些与学生自身的特点和需求相符的教育影响，才能为学生接受。学生有根据主体意识，积极地或消极地进行选择的权利。

2. 学习的独立性

学生本身具有个体化特征，这就决定了其在学习起点、学习的目标与追求、制约学习的个性心理特征等方面也有所差别。因此，就要求在英语教学中教师要遵循因材施教原则。

3. 学习的主动性

学生学习活动的主动性、自觉性是学生学习主体性的本质体现，英语教师的教学活动要建立在学生对英语学习的自觉的、主动的、自我追求的基础上。

4. 学习的创造性

学生在英语教学任务的方式、方法、思路以及对问题的认识等方面的完成与实现，与教师所教的内容或方法并不是完全对应的关系，其中，也能将学生的一些创新性和创造性体现出来。因此，英语教师要在认同这种创造性的同时进一步给予鼓励。

（三）学生主体性发挥需要具备的条件

学生在英语教学中的主体性地位的重要性已经显而易见，那么要实现这种作用，需要具备的条件有哪些呢？

1. 教师的教授目标与学生的学习目标相协调

在英语教学中，英语教师首先要将“为什么教英语”的问题明确下来，要充分理解社会对英语教育的要求和期待，让学生最终能够获得理解能力、学习能力、领悟能力等。但是这些并不是全部，还要求英语教师将教授的目标转化成学生学习的目标，即我要理解、学习和领悟的内容有哪些。

2. 教师和学生共同拥有英语教材

这主要是指英语教师在明确了教学内容和教学的方法、手段的同时，要让学生明白其所要学习的内容和方法、手段。要使学生在学习过程中始终对所学内容的文化体系和技能体系有个概观，同时对本教材目标与总目标的关系、本教材的科学教程、本教材的重点、本教材的难点以及本教材与自己身心发展之间的连点等有充分的了解，只有这样师生才共同拥有“把英语教学导向目标的载体和道路”。

3. 教学情境应该自由民主

良好的教学情境对于英语教学的开展是有帮助的。因此，英语教师要做好这方面的创设，以此来激发学生大胆好奇进行探索，诱发学生产生和提出各种各样的问题。同时，教师能够尊重学生的人格，原谅他们在学习中的缺点和错误等。

4. 教师对学生的学习方法要足够重视

要充分发挥学生主体性，就必须让学生的学习方法具有自主性和主动性。当前，英语教师的一个重要任务就是积极转变学生的学习方式，使多样化的学习方式逐渐取代单纯非自主的、被动的学习方式。与此同时，英语教学中的“自主性学习”和“探究性学习”也要进一步加强。

二、贯彻以学生为中心的教学理念

我国的英语教学通常以传统讲授式为主，教师是教学的中心，而学生则只是机械、被动地接受知识，学生真正的学习和发展需求常常被忽视，这对英语教学效果的提高极为不利。因此，教师应转变传统的教学模式，使教学的中心由教师转向学生，以学生为主体，使学生的主动性得到充分发挥，从而提高学习和教学的效果。

（一）以学生为中心

以学生为中心是一种更注重学生在学习和发展过程中的主体性、潜力，尊重学生的个体差异与需求的教育理念和价值取向。以学生为中心的教育理念认为，教育应顺从学生的天性，激发学生对学习的兴趣，调动学生学习的积极性和主动性，使他们充分发挥各自的潜力，从而提高学生的学习效果，促进学生全面发展。

秉承以学生为中心的理念和价值，充分考虑并尊重学生的特征与需求，准确、全面地了解和把握相关的学习规律和需求是以学生为中心的教学开展的基础。

需要注意的是，虽然以学生为中心的教学应尽可能使每位学生的主体性得到充分发挥，学生的潜能得到发掘，但是由于很多学校的教学是依据一定的计划进行的，教学成本也是有限的，因此，时间、资金、物质、人力等各方面教育成本的限制使得以学生为中心的很多教学实践为获得最大的效率和效益，而在成本、规模和每个学生的发展与需求之间寻求一个最佳的平衡点。由此可见，在判断某一教学实践是否做到以学生为中心时，不能以统一的外显指标为依据，而是应该分析其是否以学生为中心这一理念为价值取向，教师是否做到使更多的学生积极参与到学习中去，学生通过种种学习行为是否完成了学习任务并获得身心发展。

以学生为中心的教学并不意味着所有的教学因素都是由学生决定，对学生需求的尊重也并不意味着满足学生的一切需求，让学生主动地学习和发展也不意味着任由学生根据自己的意愿学习。以学生为中心的教学也应时刻意识到，为社会培养人才也是教学的重要目标之一，同时教学需要制订科学、合理的人才培养计划。因此，以学生为中心的教学一方面要做到尊重学生的需求、符合学生的身心发展规律；另一方面还对社会对人才的能力需求加以分析、整合，依据合理的教学计划进行教学实践活动。

以学生为中心的教学对学生学习主动性的重视并不代表对教师在教学中作用的否认或弱化。相反，在以学生为中心的教学中，教师的作用会显得更加重要，学生学习的主动性、投入性以及学习效率等在很大程度上都是由教师的指导、引导、组织等工作所决定的。这也对教师提出了更高的要求，教师应时刻反思自己的教学是否激发了学生的学习兴趣，学生是否主动地进行学习，教学活动能否挖掘学生的潜能，学生能否达到预期的目标等。因此，以学生为中心的教学要求教师依据学生的需求来设置学习目标，在学生学习过程中鼓励、帮助学生，培养学生的学习责任感。

（二）以学生为中心开展教学

学生是课堂学习的主体。主体就是有认识和实践能力的人。由此可知，学生能够作为学习的主体，是因为他们具有一定的认识和实践能力。在英语教学中，教师要学生通过感官获取来自教材的各种信息，并学会对这些信息进行比较、分析、综合、概括，进行去粗取精、去伪存真、由表及里、由此及彼的思考，抓住事物的本质，发现事物内在的联系，从而归纳出事物的规律，确立科学的知识系统。经过这一过程，学生不仅学习了英语知识，培养了英语交际能力，而且可以在学习过程中培养出自主和独立学习的能力，学会独立解决新问题。可见，学生学习的过程就是不断主动丰富自己的主观世界、不断完善自己的内化过程。

1. 充分地尊重学生

教育的最高境界是以人为本。要真正做到以人为本，最重要的一点就是教师要尊重其教育对象，即尊重每一名学生。学会尊重是做人的基础，作为教师首先要学会尊重自己，尊重他人。教师必须尊重学生，没有尊重就没有教育。尊重是教育学生的切入点。从尊重出发，通过有针对性的教育，最终达到学生健康发展的目的。因此，教师应该充分尊重学生。教师充分尊重学生有着非常丰富的内涵，下面就来详细阐述教师如何尊重学生。

（1）尊重学生的个性发展

我国当前的教育教学对学生的素质教育是十分关注的，而素质教育和学生的个性发展有着紧密的联系，两者是相互依赖、相辅相成的。因此，在高校英语教学过程中，教师必须要重视个性化教学对素质教育的意义，同时加强学生思想品德的培养，提升学生的综合素养。在英语教学中，教师尊重学生的个性发展主要受以下两点影响。

①个性是素质教育的重要出发点。随着现代化进程的加快，社会不同领域需要各种人才，因此在相同的教育制度下培养不同品质的人才成为教育的重点。很明显，传统的教育理念是行不通的，只有以学生的个性作为出发点，实施个性化教学，才能培养出学有所长的人才。换句话说，素质教育要求对学生的个性特征和主动精神予以尊重，开发学生的智力，培养学生健全的个性，只有这样才能适应不断发展的社会要求，也才能培养出有理想、有道德、有文化、有纪律的全面发展型人才。

②个性倾向性影响个体的素质发展。个性倾向性是推动人们进行活动的内部驱动力，也是个性发展最活跃的部分，它决定着学生个体想做什么或者想追求什么。可以说，人对外界的态度、对外界的认知往往是由人的个性倾向性决定的。个性倾向性主要包含动机、兴趣、爱好、需求、态度、信仰、理想等。这些因素都会对个体素质的发展产生重大影响。

首先，理想和信念对素质发展的影响。理想和信念是人不断发展和前进的精神动力，无论是对工作、学习还是生活都起着重要的激励作用。科学的、坚定的理想和信念往往可以推动人们积极、满腔热情地投入到想要追求的事业中去，也更有可能取得重大成就。可以说，理想和信念是人生的推动器。

其次，需求和动机对个体素质发展的影响。心理学家认为，需求和动机是一种刺激，有了需求和动机，个体才会付诸行动。因此，需求和动机在个体的素质发展中具有引发和强化行动的功能。

最后，兴趣和爱好对个体素质发展的影响。兴趣和爱好可以激发个体的求知欲。人们通常会对感兴趣的事物产生探索和求知的欲望，这一欲望驱使他们主动地去寻求答案。由此可见，兴趣和爱好是学生学习的内在动力，重视学生的兴趣和爱好有利于提高教学效果，培养学生的学习积极性和创新精神。

（2）尊重学生的主体地位

在高校英语教学中，学生占据主体的地位。因此，教师应该以学生为中心，尊重学生的主体地位，只有这样才能突出学生的主体地位，充分发挥学生的主体作用，提高学生的英语学习的积极性和主动性，从而有效地提高英语教学效果。

教师在英语教学中充分尊重学生的理念主要有三方面的含义：①英语教学工作的设置和计划都要以学生为中心，在选择教材上也要充分考虑学生的兴趣爱好、心理素质；②英语教学环节的设计要考虑学生的实际需求，课堂中穿插的活动也要以学生为中心；③帮助学生认识并确立自身的主体地位。这就要求教师在日常的教学过程中，注重培养学生自我管理、自主学习的能力，引导学生积极主动地参与教学活动，并养成独立思考问题的习惯。

综上所述，尊重学生的主体地位对于实施个性化教学非常重要。教师只有注重不同学生的差异性，将不同学生的自主精神发挥出来，才能帮助学生提高自身的素质。

（3）尊重学生的自尊心理

自尊心是任何人类行为中最有渗透性的方面，对人类行为具有十分重要的影响。甚至可以说，一个人没有一定程度的自尊心、自信心和对自己的了解，就无法进行任何成功的认知和情感活动。

就英语教学而言，学生的学习效率和效果受到自尊心的重要影响，而学生的自尊心很大程度上来源于教师对学生的尊重。因此，每位教师都有责任尊重学生的自尊心，即使学生身上有各种各样的缺点，教师也不应表现出忽视或轻视的态度，而应多关注学生身上的闪光点，并予以肯定，这样才能帮助学生更好地进步。

2. 培养学生的语言综合运用能力

对于语言综合运用能力的内涵，教育领域并没有提出十分明确、清晰的阐释，但是我们可以借助英语教学目标的阐述理解语言综合运用能力的内涵。我国英语教学的目标是培养学生的语言综合运用能力。无论是哪一个阶段的目标，都是建立在语言技能、语言知识、情感素质、学习策略以及文化意识等素质整合发展的基础之上的，也就是说要发展学生综合的语言运用能力。然而，不少英语教师在实际教学中仍然把英语课作为纯知识课，过分注重语音、词汇等英语知识的教学，而忽视了语言运用能力的训练，甚至连对话教学也成了纯句型教学。因此，许多学生被一些语法规则所纠缠，无法体会英语学习的趣味，甚至对英语学习有厌恶感、恐惧感，这些都给学生语言综合运用能力的培养和提高带来了很大的障碍。

学生语言综合运用能力的内涵应该包括知识、技能、学习策略、情感态度以及文化意识五个方面，即学生既要掌握一定的语言知识、语言技能，又要掌握一定的语言学习策略甚至是可以用到其他学科的学习策略，此外还要具备一定的情感态度以及文化意识。

（1）着眼于学生的全面发展

根据学生语言综合运用能力的内涵可知，学生语言综合运用能力的培养包括了知识、技能、学习策略、情感态度和文化意识五个方面。由此可见，语言综合运用能力不仅仅是英语知识的学习、英语技能的培养，还要求学生在学习策略、情感态度以及文化意识方面取得进步和发展。简言之，学生语言综合运用能力要求学生全面发展。因此，在培养学生语言综合运用能力时，教师要着眼于学生的全面发展。

英语教学的首要定位就是人的教育，因此英语教学不应该只局限于语言知识的传授与语言技能的培养，而应该关注学生的全面发展。也就是说，在英语教学中教师不应仅把帮助学生掌握英语知识放在首位，忽视学生的精神世界，而应该有着人本主义，充分发挥学生的主体作用，帮助学生培养良好的社会责任感、严谨的治学态度、积极的情感等，注重学生的全面发展，为学生的终身学习打下良好基础。

随着知识经济时代的到来，知识更新不断加快，同时全球一体化扩大了人们的人际交往范围，对人们的交际能力提出了要求，对人们的综合素质也提出了更高的要求。只有具备了良好的素质，能够灵活运用所掌握的知识解决各种问题，才能在这千变万化的社会中生存发展。

教师在英语教学中要着眼于学生的全面发展，要注意激发学生对英语学习的兴趣，培养学生的学习兴趣，帮助学生树立自信心，形成有效的学习策略，养成良好的学习习惯。

教师应该相信，每一名学生都蕴藏着极大的学习潜能。每一名学生都有丰富而独特的内心世界，每一名学生都具有自己的独特个性，学生之间是有差异的。与过去的学生相比，今天的学生在很多方面更具独立性，他们在许多问题上的思考都有独特性。要培养学生的语言综合运用能力，英语教师首先应该成为学生的朋友，与学生平等相处，只有这样学生才会相信教师，才会愿意与教师沟通，愿意向教师倾诉内心的想法，也只有这样教师才可以了解学生的内心世界，才能更好地帮助发掘学生的潜能，从而使英语教学取得更好的教学效果。

同时，由于学生之间是有差异的，教师应该根据学生在英语学习中表现出来的不同学习特点做到因材施教，在教学中采用不同的对策，提供差异化的、切合学生实际的学习指导，给每一名学生提供平等的学习机会。总之，教师只有了解学生独特的内心世界，了解学生的个性差异，才能在英语教学中为每一名学生创造表现自己的活动环境与活动机会，使每一名学生都积极地参与到教学活动中来，让学生在学习活动中发展学习能动性、创造性、自主性和独特性，充分发挥学生的主体作用。

教师在英语教学中要创造和谐的课堂教学气氛，尊重、爱护学生，实行情感教学，注意与学生之间的情感交流。教学是人的交际过程，这个过程是否有效取决于课堂气氛是否和谐。可以说，和谐的课堂交际气氛在某种意义上比好的教学方法更重要，是实行情感教学的最关键之处。因此，为了创造和谐的课堂教学氛围，实施情感教育，教师在教学中要以人为本，引导学生多使用英语，对学生所犯的错误不必有错必纠；教师自己要始终保持乐观向上的精神状态，对教学、学生都要有满腔热情，以引起学生的积极情感；尽可能让不同的学生在学习过程中获得乐趣，获得满足感与成功感。和谐的课堂教学气氛，有助于学生取得进步和发展，当学生在课堂学习中能不断收获自己学习的成果时，他们的学习兴趣与积极性就会逐渐增加，而这种学习兴趣以及积极性会反过来促进和谐的课堂氛围的形成。

（2）以掌握语言技能为主要目的

学生学习语言是为了使用这种语言进行交流，而使用语言进行交流必须通过一定的语言技能，因此掌握语言技能是英语学习的主要目的。语言技能包括听、说、读、写四个方面的技能以及这四种技能的综合运用能力。在这些技能中，听和读是说和写的前提与基础，而四种技能的综合运用能力是重中之重。在语言教学中应以语言输入为先，也就是说语言的输入是语言输出的基础，表达技能必须以吸收技能为前提，一个人的语言运用能力必须在吸收信息与输出信息的交际过程中得到提高。听与读是吸收信息的主要途径，而说和写则是输出信息的主要途径，因此，教师在英语教学中一定要引导学生通过大量的听、说、读、写的实践使学生掌握语言技能，提高综合运用英语的能力。

（3）不可忽视语言基础知识

以掌握语言技能为英语学习的主要目的，并不意味着教师和学生在英语教学中可以忽视语言基础知识的教学。实际上，要培养学生语言的综合运用能力，必要的语言基础知识学习是不可缺少的。英语教学必须以输入优先。语言基础知识是发展语言技能的重要方面，是语言能力的有机组成部分，是形成能力的基础，因此学习必要的英语语言基础知识是必要的。当然，在英语教学中也不能过分重视英语语言知识的学习而忽视技能的培养。总之，要培养学生语言的综合运用能力，既不能把学习语言基础知识作为课堂教学的唯一目的，也不能为了培养学生运用英语的能力完全否定语言基础知识的学习。

（4）注重学习策略的培养

由于学生英语综合运用能力的培养与其学习策略有关，因此教师在培养学生语言综合运用能力时还要重视对学生学习策略的培养。教师在教学过程中还需要指导学生根据自己的个性、学习特点等，探究正确的英语学习方法，寻找并培养正确的、适合自己的英语学习策略。我们提倡教学要以学生发展为本，要对学生授之以渔，实际上就是提出要教给学生英语学习策略。掌握正确的学习策略，可以提高英语学习效率，可以收到事半功倍的学习效果。而好的学习效率又可以提高学生对英语学习的兴趣与热情，提高课堂教学效率。

（5）重视学生的心理因素

教师在英语教学中一定要重视学生的心理因素，这是因为学生的学习效果与其心理因素有十分密切的关系。心理素质不仅是影响英语学习的重要因素，也是人发展的一个重要方面，学生的心理素质对他们的运用语言能力的强弱有重要影响。学习动机是学生学习英语的首要心理因素，而对英语学习的态度、兴趣和情绪则是促使学生产生英语学习动机的最核心因素。因此，在基础英语教学中教师应该想方设法激发学生对英语学习的兴趣，提高学生对英语学习的热情，激发学生对英语学习的动机。学生只有对英语有了学习动机、有了兴趣、有了积极的情感，才会积极主动地参与课堂活动，积极配合教师的课堂教学，才可能对英语学习保持热情与动力，形成良好的学习习惯与求学精神，从而有利于其语言综合运用能力的培养。

3. 注重培养学生的思辨思维

在全球化趋势之下，世界各国之间的交际活动日益密切，国家之间的文化交流越来越多，我们不应用自己的文化、道德、价值观的标准去衡量和评价，或者拒绝其他民族文化，也不应盲目模仿、追随其他民族文化，而应以公正、宽容的态度对待其他文化，并坚持自己民族的优秀文化。因此，在基础英语教学中教师除了要帮助学生学习和了解世界文化，引导学生尊重和理解世界文化，还需要促进学生了解本国文化、反思本国文化，发展学生的思辨思维。

目前，从认知的角度来看，我国大学阶段英语专业学生的认知程度要高于其学习内容所要求的认知程度，因此其学习内容对其思辨能力缺乏应有的挑战，不利于学生思辨思维的培养。另外，当前英语教学中大量使用模仿、记忆、重述的机械练习法，无法培养学生分析、推理和评价的能力，造成学生的思辨空间有限，训练不够，无法有效培养学生的思辨思维。对此，我们不妨借鉴西方学者的研究视角，通过西方文化认知观念来改变我们传统的英语教学观念和教学方法。

教师在基础英语教学中，要运用角色扮演、口头报告、小组对话、分析文章、合作学习、项目研究、论文写作等多种方式进行教学，以提高学生的思辨思维。

同时，由于语言是文化的载体，我国学生学习英语的过程也是学习英语文化的过程，而学习世界文化为学生打开了视野，给学生审视本国文化提供了良好的机会，使学生能够从多个角度看待本国文化以及目的语文化。在对本国文化与外国文化的对比分析中，学生能够用新的视角去看待、考虑母语文化中的观点与现象，发现其中隐藏的文化内涵，并以多元文化的视角反思这些既定的价值观、信仰、行为方式。部分之前认为无可厚非的或者“天经地义”的观点在多元文化的视角下变得摇摇欲坠，部分新鲜的外国文化观念展现出其优越性。多元文化的碰撞促成了学生对本国文化乃至对外国文化的反思，并取其精华，去其糟粕，最终建立起属于自己的个人文化观念。只有广泛接触世界文化，了解世界文化的多样性，了解本国文化与其他文化的差别，学生个体的独特性才能得到自由的发展与充分的尊重，文化的繁荣昌盛才有可能实现。

三、重视学生学习的风格与动机

（一）激发学生的学习动机

在英语学习过程中，人们经常把学习动机与英语学习联系起来。学生的学习动机强烈，说明他们的学习目标很明确，因此学习积极性很高，能够克服任何的学习困难，取得相当可观的成绩。相反，如果没有学习的动机，成绩就会相当差。可以说，学习动机是学习成功的关键，因此教师需要激发学生的学习动机，保证教学的有效性。

1. 学习动机

要想了解什么是学习动机，首先要对“动机”一词有一个清楚的把握。“动机”一词源于心理学，国内外对其都给出了自己的理解，众多观点既有相似之处，又存在一定的差异。

外语学习动机应该包括以下三个方面。

①学习此外语的目标。

②在实现这一目标中所做的努力。

③所做努力的持久性。

2. 激发学习动机

（1）遵守教学原则

教师在教学实践中首先要遵守一般性的教学原则，主要包括以下几点。

①注重培养学生的学习动机。

②尽可能增加自身和课堂对学生的吸引力。

③使用权威管理和社交策略。

④将课堂打造成为一个学生共同参与合作性学习活动的社区。

⑤教学的目的是使学生理解、欣赏和应用所学知识。

⑥重视学习动机中的期望和价值因素。

（2）树立学习信心

自信心表现为个体对自身的评价、态度和认识，对于外语学习有巨大的激励作用，是进步的基础和成功的动力。可以从以下几个方面树立学生的信心。

①教师制订切实可行的，能够促进学生学业进步的教学计划。

②帮助学生树立正确的学习目标，并认识到努力与成果之间的关联性。

③为水平较低的学生提供额外的帮助。

④帮助学生正确对待失败。

⑤重视学习过程的评价和指导性的反馈。

⑥帮助水平低的学生树立有适当挑战性的目标。

（3）激发外在动机

外在动机是由学习者自身以外的环境，如家长、教师、学校或社会等给予的促使其进步的因素。由这些外部诱因引起的动机一般持续时间较短。可以从以下几方面激发学生的外在动机。

①表扬和鼓励学生学业上的进步。

②重视对学生的学习过程给予评价。

③引起学生对外语学习工具型价值的重视。

④提倡适当的、合理的竞争，并给每位学生提供平等的竞争机会。

（4）激发内在动机

激发学生的内在动机是教师应主要采取的教学策略，因为内在动机对学习过程的促进作用效应强而且持久。学习本身就能够使学生获得满足，始终保持较高的学习兴趣。教师可以从几个方面激发学生的内在动机。

①培养学生的自主学习能力。

②关注学生的能力需求，在设计教学活动时，提供训练多种技能的有特色的、有意义的任务。

③关注学生的归属需求，多设计一些合作型任务。

④以符合学生的兴趣为教学活动设计的前提。

⑤在教学活动中培养学生的动手、动脑能力。

（5）满足个体需求

学生的个体差异是客观存在的，由于遗传因素、成长环境、社会环境等的不同，学生的兴趣、爱好、性格、能力、特长等方面都体现出了差异性，这些差异性的存在就决定了他们有不同的学习需求，教师可以从以下两个方面入手最大限度地满足学生的个体需求。

①尽可能满足学生的不同偏好。

②在满足学生个体需求时，如果学生的长远利益与当前的偏好发生冲突，则要服从长远利益。

（6）教师自身发展

教师作为学生学习动机的激励者，其自身的发展也是十分重要的。

①积累激发学生学习动机的知识和技能，提高自我效能感。

②提高元认知监控和自律能力，在处理问题时不急不躁。

③经常总结教学活动的得失，在反省中提高。

（二）充分了解学生的学习风格

学习风格是教师对学生学习行为能够了解的一项重要的、有效的工具。通过学习风格，教师可以充分了解学习者遇到的问题，从而帮助其有效地解决。教师对学生学习风格的肯定和尊重并且能够做到因材施教，不仅可以调动学生的积极性，增强学生的灵活性，也可以提高学生自主学习的能力。可见，在高校英语教学中，学习风格是一把利刃，但是学习者的学习风格存在着明显的差异。

1. 学习风格

学习风格是个性化的行为，是在长期的学习过程中逐渐形成的，很少会随教学方式或学习内容的改变而发生变化。但是，它并不是一成不变的，会受到外部因素和内部因素的影响。同时，学习风格没有好坏之分，也没有正确与错误之分，任何一种学习风格都可能会获得学业上的进步和成功。

2. 了解学生的学习风格

学习风格影响着学生的学习活动，进而也影响着整个教学行为。教师要充分重视学生的学习风格特点，采取不同的教学方法。教师应该如何充分了解学生的学习风格呢，具体来说需主要做到如下几点。

（1）树立专业化的素养

教师的专业素养是充分了解学生学习风格差异的前提。学生的学习兴趣与教师的人格魅力和知识素养有很大的关系。

首先，教师要博览群书，关注时事，在课堂教学中旁征博引，引发学生的学习兴趣。同时，教师本身还对学生有示范性的作用，学生在教师的影响和熏陶下，也会逐渐养成阅读的好习惯。

其次，教师应掌握系统的教学理论知识，其中包括现代语言知识、外语习得理论知识和外语教学法知识在内的英语教学理论知识，还要了解教育学、心理学理论。此外，教师还应具有科学的英语教学观。学生、教师和英语三要素中，学生是教学的主体，英语是教学的客体，教师是连接主体与客体的媒介，承担着帮助学生学习英语的责任。

再次，具备全面的教学能力，主要包括教学组织能力和教学实施能力。英语教师必须熟悉整体和具体的教学计划，依据课程计划实施教学，并保证三者的一致性；熟悉教学步骤和基本的教学原则；选择运用适当的教学参考书，认真备课，合理安排教学进度；课堂讲授条理清晰、科学准确、简洁易懂、逻辑严密；教学活动的设计符合学生特点；善于运用肢体语言，如表情、眼神、手势等非语言表达手段辅助教学；有较快的反应力和较强的处理突发事件的能力，保证课堂教学的顺利进行；能运用现代信息技术手段辅助教学，熟练使用多媒体技术、网络技术进行教学，开展课外活动和第二课堂活动等。

最后，教师要使学生形成对学习风格的科学认知。

学习风格没有优劣、好坏之分，每个人都有独特的学习风格。

每个人都要努力发掘适合自己的学习方式，只有适合自己的，才能达到事半功倍的效果。

学习风格是变化的，学习方式是多样的，在不同的学习环境中使用不同的学习方式，才会有更全面的发展。

（2）采用多样化的教学方法

采用灵活多样的教学方法是充分了解学生学习风格差异的有效途径。根据多元智力理论，每个人都有相对优势的智力和相对劣势的智力，这时教师就应在教学中采用多种教学方法，因势利导，长善救失，在发展学生的优势智力的同时，带动劣势智力的发展。

首先，课堂导入方式要不拘一格。良好的开端是成功的一半，教师在课程开始前的几分钟，利用丰富多彩的活动，尽可能在最短时间内将学生的注意力吸引到课堂中来。这种课堂导入方式可以是图像的形式，也可以是游戏的形式。

其次，课堂活动要多姿多彩。课堂教学活动的丰富性也是满足学生不同的学习风格的需要，常用的教学方法有情境法、简图法、活动法、故事法等，在采用适合不同学生学习风格的教学方法时，学生的学习效率都会有不同程度的提高。

（3）挖掘差异性的学习风格

首先，教师要尊重差异，提供人文关怀。学生的学习风格存在巨大差异，教师应该充分重视到这一点，并能够预见到这些差异对学生的学习活动的影响。这对教师提出了一定的要求。

教师要树立学习风格差异的教学观。每位学生的学习风格是独特的，教师应该按照学生的特点来尽量提供更多的机会，增强他们的学习动机和热情。

教师为学生提供更多的人文关怀。教师应该在公平、公正的基础上，辩证地看待学生学习风格与教师教学风格的关系，平等对待每一位学生。

其次，弥补差异，丰富和拓展学习风格。某一种风格不可能适用于所有的知识，因此学生应该具有丰富的学习风格。学习风格有稳定性，但是也有其可塑性，通过后天的训练和实践，可以塑造新的学习风格。在实际教学中，教师应该均衡各种学习风格，然后配以与风格相一致的教学策略，从而拓展学习者的学习风格。例如，独立型学习者社交能力很差，因此可以安排一些多社交的活动或者小组活动来提高他们的社交能力。

第二节　开展分层教学与重视个体差异性培养

一、分层教学的内涵

所谓“分层教学”，就是指根据学生的英语水平，将学生分为不同层次，针对各层次的学生确定不同的培养目标，制订不同的教学计划、教学方案和管理制度等，在教学中充分体现因材施教的原则和层次性的特点，目的是让每个学生都能在各自的起点上取得进步。可见，分层教学是根据因材施教、提高教学效率的原则，按照学生的实际水平和潜能，将学生划分为不同层次，然后确定不同的教学目标，制订不同的教学计划，开展不同的教学活动等。在英语教学中实施分层教学能在充分了解学生语言能力、认知风格、学习动机、性格态度的基础上实施教学，能最大限度地节约教学资源，提升教学效果。

二、英语分层教学的原则

（一）循序渐进原则

遵循循序渐进原则就是指教师在传授知识时既要尊重知识的内在规律，又要采取相应程度的学习者可以接受的教学形式。分层教学使教师得以在学习者英语知识体系的基础上进行教学，采取适合他们的教学方法，从而使学习者逐步提高语言知识和技能。

（二）因材施教原则

所谓“因材施教”，是指教师要从学习者的实际出发，有的放矢地进行教育。由于环境、教育、学习者本身的实践等方面的不同，学习者之间必然存在一定的差异性。近年来，随着扩招政策的推进，越来越多的学习者得以接受高等教育，但不同学习者在英语水平方面的差异却不容忽视。在这种情况下，如果不对这种差异性进行充分考虑就把英语水平高低悬殊的学习者安排在同一班级进行授课，很容易出现程度差的学习者“吃不消”、程度好的学习者“吃不饱”的尴尬局面，造成教学资源的巨大浪费。而分层教学承认学习者之间的个体差异，可以为学习者提供满足其自身需要的教学条件，从而实现理想的教学效果。

除了上述两个原则之外，教师在实施分层教学时由于掌握不够、理解不透等原因难免会出现挫折、失败，对此要抱以宽容的态度，不怕失败、积极尝试、大胆创新，切勿轻易否定，在实践运用中总结成功的经验，吸取失败的教训，根据实际情况灵活调整，对以后的分级教学形成良好的指导，只有这样才能真正发挥分级教学的功效。

三、英语分层教学的实施

与传统教学方式相比较而言，分层教学有其独特性和先进性。然而，英语分层教学只有进行合理的实施，才能真正实现教学目标。具体而言，英语分层教学的实施可以从如下几个方面着手。

（一）合理、科学地分层

分层教学不要求全体学习者达到同一目标，而是按照不同的级别制订不同的教学目标。因此，进行合理、科学的分层是分层教学模式取得实效的前提。为此，应采取科学的分层试题和分层标准。分层标准则应对分层测试结果、个人实际水平、个人意愿等因素进行综合考虑。此外，在具体的教学实践中将学习者分为 A 级与 B 级两个级别较为合理。教师为缓解 B 级班学习者的心理压力，调动他们的积极学习情感，可利用周末时间为他们补课。这样 B 级班学习者可以尽快达到 A 级班学习者的水平，使他们在同一起跑线上竞争。

（二）提高分层的区分度

高考英语成绩与摸底考试成绩是很多院校进行分层的标准，但常有一些学习者因为几分之差甚至一分之差而没能进入 A 级班，而这几分之差往往很难说明英语水平的高低。因此，为了提高分层的区分度与合理性，可在分层时听取学习者本人的意见，进行双向选择。学习者往往对自己的实际英语水平与兴趣点有较好的把握，将他们由被动接受转为主动选择可以增强学习者的主体地位，提高他们在后续学习过程中的自觉性与积极性。

（三）实施升降级调整机制

实施升降级调整机制，就是对学习者的学习程度进行动态管理，使学习者的级别随学习的兴趣、成绩以及能力的变化而变化。具体来说，B 级班的学习者取得进步，达到 A 级班水平时，可将其升入 A 级班，以激励学习者取得更大的进步。A 级班的学习者未能取得进步，且成绩滑落到 B 级班程度时，可将其降入 B 级班，以给予其适当压力。需要注意的是，进行升降级的调整应坚持选拔与自愿相结合的原则，且应在一定范围内定期调整，不可过于频繁。

（四）制定科学的评价标准

在分层教学下，不同级别应采用不同难度的试卷，这就很容易造成一种不良现象，即英语水平高的学习者所取得的英语成绩竟然低于部分水平低的学习者。因此，为提高评价的科学性可采取以下两种措施。

第一，采取总结性评价与形成性评价相结合的方式来确定最终成绩，具体办法是增加平时表现在总评成绩中的比重。

第二，根据各级别试卷的难度设定一个科学的系数，通过加权算法来从宏观上调整两个级别的分数。

（五）尽量避免负面影响

任何事物都是优势与缺陷的集合体，分层教学也不例外。作为英语教学改革中的新生事物，分层教学不可避免会带来一些负面影响，如操作过程较为复杂、考勤管理较为烦琐、学习者产生不良情绪、班级归属感降低等。这些问题如果不及时解决，就会为分层教学的推进带来阻碍。因此，教育管理者需要制定相应的制度规范并根据遇到的问题及时调整，从而将分层教学的不良影响控制在最小范围，将其优势最大限度地发挥出来。

综上所述，分层教学是随着我国英语教学改革的推进而出现的，其普及必然会促进英语教学的深入、全面发展。分层教学实施的有利之处有如下几个方面。

第一，培养学生实际使用英语进行交际的能力，使他们在涉外交际的日常活动中能进行简单的口头和书面的信息交流，以适应我国经济发展和国际交流的需要。

第二，能够满足不同层次英语水平学生的求知需要，为他们搭建更好的展示自己英语才华的平台，充分发挥他们各自的优势，顺利完成高校英语基础阶段的学习，全面提高他们运用语言的能力。

第三，分层教学从根本上改变了重“教”轻“学”的现象，充分体现了“以学为本”的教学新理念，从而使高校英语教学从耗时低效进入省时高效的新时期，标志着我国高校英语教学从传统的教学模式向现代教学模式的转变。

第三节　优化教学资源与实现自主探究学习

一、优化教学资源

随着网络技术的融入，英语教学展现出新面貌，而网络资源在外语教学中有着重大意义。同时，网络资源有何特点，其对英语教学有何优势是当前值得探究的重要课题。

（一）网络资源的特点

与传统信息资源不同，网络资源是将计算机技术、多媒体技术、通信技术等进行融合，而逐渐形成的具有发布、查询、存取信息的庞大资源。网络信息资源的出现，使人类信息资源的开发进入了一个新的时代。作为新的信息资源形式，其在丰富性和复杂性的前提下，具有如下几大特点。

1. 时效性强

网络资源从本质上改变了信息交流形式与获取形式，将传统的出版概念抛之于外，实现了无纸化的出版。也就是说，信息的查询、获取等都是在网上进行，大大缩短了编辑出版的时间。因此，网络资源具有极强的、无可比拟的时效性。使用者也不必受到时间、空间的限制，内容也更具有及时性和新颖性，便于使用者查询与共享新思想。

2. 功能巨大

网络资源具有多样化的表现形式，首先是图文并茂，这些信息既容纳了传统文字、图画信息，也包含了声音、立体动画等多媒体信息。网络将听、视等集合于一体，更具有直观性和吸引力。其次，网络资源具有超文本链接功能，便于人们快捷地获取所需信息。

3. 信息容量大

网络资源的载体是计算机，它可运用计算机进行查询、存储、处理海量的信息，这些载体与传统的文字载体相比来说，具有信息容量大、存取方便等优点。

4. 查询方便

网络资源的查询既不受图书馆开放时间的限制，也不会受地点及借阅数量的限制，只要通过电脑，用户就可以在家里或者其他任何有网络的地方自由地进行查阅。网络信息资源的检索可以使用超文本链接，形成一个网络链条，将不同地区、不同国家、不同服务器等结点联系起来，以便用户在复杂的信息中准确、快捷地搜索到自己所需的信息。

5. 交互功能强

网络资源具有强大的交互功能，这可以营造出一种广泛的论坛氛围。人们可以就某一主题开展电子论坛，网上直接反馈读者信息，参与到这一主题的交流和讨论中。如果用户对某些资源存在意见，可以随时在网上进行交流，便于提高资源的质量。

6. 资源结构不均衡性

网络资源的结构具有不均衡性，其主要体现在地域的不均衡与语言的不均衡。就全球范围来说，西方发达国家的网络资源要强于发展中国家。

7. 动态性和不稳定性

网络信息具有自由性和随意性，任何人都可能是资源的提供者或者资源的使用者。也就是说，网络资源地址、信息链接等都会随着时间的迁移而发生变动，网络资源可能随时更迭，很难对其进行预测。新资源在不断出现，旧信息在不断消失或失效，这些就使得网络资源呈现了动态性与不稳定性。

（二）网络资源的优势

与传统的实体资源相比，网络资源具有无比的优势，由于其在英语教学中有重要作用，因此英语教学中的网络资源的优势也凸显出来。

1. 有助于查询到海量信息

在复杂的网络资源中，人们可以查询到任何题材、任何体裁的资料。例如，新闻报纸杂志、学位课程选修点、各种语言文学素材、各种文化素材、教案、英语教学素材、英语学习素材、教学游戏、教学研究论文、自学辅导材料等。因此，网络为英语教学提供了丰富的语言教学和学习材料。网络是一个无纸化的媒介，所有资料都可以在网络这一个巨大的图书馆中找到。教师和学生都可以根据自己的需要，对网络资源进行筛选与整合，从而形成自己的信息资源，建构自己的知识结构。

2. 促进传播，且更新速度及时

网络资源传播速度非常快，且更新速度也非常及时。网络资源如此巨大也离不开时常的更新。就广义层面上来说，网络资源包含电子论坛、电子邮件、微博等各种交流手段。通过这些交流手段，人们可以获取自己所需信息，并提高自身的交际能力。与传统的图书报纸相比，网络资源可以真正实现“及时”。无论是一条新的新闻信息，还是一项新的研究成果，人们都可以第一时间获知。而这对于传统的图书报纸来说却是很难做到的。

3. 提供了多维的资源，图文并茂

网络为教师和学生提供了多维的资源。网络的资源是按照符合人类联想思维的超文本结构构筑起来的，因而便于人们进行搜索。如果他们对搜索的信息不满意，那么还可以通过关键词相关链接继续查询，直到搜索到更满意的信息。教师在网络环境中展开英语教学，可以有效、快速地帮助学生认知，也可以满足学生不同层次的需求，从而提高自己的教学效果。

4. 有利于凸显个性，因材施教

由于网络的信息量大、查找便捷，因此网络资源更适合教师展开个性化教学，为学生编写更符合他们的个性化素材。在准备教材时，教师可首先搜索一些关键词，通过对相应网站进行访问，轻松地找到自己所需的资料。经过下载、重新编排，形成富有个性的教材。

传统的纸质教材编写滞后于当前时代的发展，其统一编排的内容也难以符合当今学生的个性化学习，不利于因材施教的教学理念。因此，教师应该花费一定时间对所教的内容在网络上进行查找，对所收集的大量的教学内容进行恰当的选择和调整，构建一个小型的语料库，从而便于实现因材施教。

5. 有助于实现资源共享，经济便捷

大部分的网络资源可以实现全球共享，而且很多都是免费的。即使有些资源需要付费，其也比传统报刊要便宜很多。英语教师只需要花费少许时间就可以运用网络资源建立一个中型或大型的虚拟图书馆。该虚拟图书馆的建立，有助于教师快速、省时地提取信息，甚至很多资料只在弹指之间就可以搞定。

（三）网络资源的分类

1. 按多媒体的表现形式来分

按照多媒体的表现形式来分，网络资源可以分为文本资源、视听资源、在线词典与翻译工具、百科全书、语料库资源等。

（1）文本资源

在网络技术发达的今天，大部分信息都是以文本形式发布出来的。文本资源是网络资源中最丰富、最常见的资源。在英语教学和研究中，要想了解语言的发展趋势以及语言最新的发展动态，人们只需要输入关键词就可以在搜索引擎中查询到。由于网络资源具有传播速度快、信息量大、内容丰富等优势。当英语教师在教学中发现教材陈旧、题材有限等情况时，他们就可以通过网上搜索新的文本资料以更新教学内容，紧跟时代的步伐。例如，在英语阅读课堂中，教师可以在专门的阅读网站搜索各种题材（社会生活、经济发展、科技发展、教学文化、风俗习惯等）、各种体裁（包括故事、记叙文、说明文、论说文、诗歌、散文和小说）的最新的文章，让学生充分了解英语语言国家的新闻、文化背景知识。总之，利用网络资源对于教与学都有重要意义，其摆脱了传统书本知识的局限，尤其是那些陈旧的书本知识，让教师的教和学生的学跟上了时代的前沿。

（2）视听资源

英语教学的最终目的是让学生掌握语言知识和技能，培养学生正确的学习策略、文化意识、情感态度，不断培养学生的综合语言技能。也就是说，在具体的教学中，教师除了要向学生传授基本知识外，还需要培养学生的基本技能。我国英语教学本身就缺乏真实的语境，学生的听、说能力很难得到应有的训练。但是，网络上的资源广泛，具有极大的真实性，正好可以弥补传统英语教学的缺陷，对培养学生的听、说能力有着极大的帮助。网络视听资源有很多如 BBC（British Broadcasting Corporation，英国广播公司）、VOA（Voice of America，没过之音）、CNN（Cable News Network，美国有线电视新闻网）等，这些视听资源内容丰富、形式多样，并且内容新颖，时效性强，在发音上也比较地道，对于培养学生的听说能力和交际能力大有裨益。另外，网络视听资源的下载也是非常方便的，只需进入相关网站，点击所需材料即可，这已成为当今很多高校英语教师获取试听资源的渠道。

（3）在线词典与翻译工具

在线词典是建立在计算机的基础上，为用户提供词语查询的数字化参考工具。网络上的在线词典如万能词典、谷歌词霸等数量巨大，且种类繁多，专业性强，更新速度快，因此逐渐形成了一个庞大的多学科、多语种的词典资源库。此外，有道翻译、金山词霸、

Google 谷歌翻译等翻译工具为词语、句子、短语篇的翻译提供了新途径。

（4）百科全书

网络资源除了有一些专业出版社出版的百科全书网络版外，还有很多免费的百科网站。

通过这些百科网站，教师和学生可以方便地搜索到自己需要的资料，为英语教学和学习服务。但是，免费的百科网站中的百科知识往往是由某个人或者某一组织免费提供的，他们对同一科目可能所下的定义不同，甚至有些是不全面、不准确的，因此需要教师和学生不断进行辨别，不能盲从。

事实上，网络本身就是一个巨大的百科全书。在这一巨大的虚拟图书馆中本身就是鱼龙混杂的，如果想要获取最权威的解释和词条，尤其是想要运用到学术上时，一定要注意资源的出处。如果出处不明或者没有出处的，最好不要使用。

（5）语料库资源

语料库在英语教学中发挥着重大作用。语料库以前所未有的巨量语言信息储备、高速精确的计算机提取方式和鲜明突出的语境共现界面取胜，一方面为语言教学提供大量优质资源，另一方面可创设大信息量、多维演示的立体教学和人机互动的优质教学平台。通过检索网络语料库资源，教师能够得到更为地道、真实的语言例句，或者是对比分析研究资料。

2. 按多媒体的不同组织结构和呈现方式来分

根据多媒体的不同组织结构和呈现方式，网络资源可以分为在线数据库、教学机构网站、电子期刊和电子书以及免费资源和有偿资源。

（1）在线数据库

在线数据库通常有图书馆目录数据库和其他专门用途的数据库，如科技论文数据库、学位论文数据库、会议文献数据库等。很多数据库检索服务中心可以通过网络访问在线数据库的目录，如 ERIC（Education Resource Information Center，教学资源信息中心），这一数据库是由美国教学部资助的，是当前最权威、最全面的教学数据库。

（2）教学机构网站

网络资源根据信息发布者的身份可以分为个人信息、政府教学机构信息、企业集团教学信息、科研院校教学信息、信息服务机构教学信息等。

（3）电子期刊和电子书

基于网络的电子期刊主要有三大类：电子杂志、电子报纸以及电子新闻和信息服务。大量的期刊在网上发行，其与印刷期刊大体相同。教师可以从中选择资源作为自己教学的组成部分，并帮助学生进行订阅，作为他们的补充材料。电子书是一种按照一定的组织结构构成的计算机可视学习材料，其基本特点是具有反应性、超媒体化，其界面也非常复杂。当前，很多图书都包含纸质版和电子书两种形式，很多教学机构网站也包含了大量的电子图书资料，这些对于世界上各地的教师来说都是一笔不小的财富。

（4）免费资源和有偿资源

网络资源有免费资源和有偿资源。一般的 WWW（World Wide Web，万维网）、BBS（Bulletin Board System，网络论坛）、FTP（File Transfer Protocol，文件传输协议）等资源都是 24 小时免费的，任何教师和学生都可以免费浏览、查询、下载等。免费的网络资源是信息化学习的资源主体和主要对象，也是网络迅速普及助推力。但是，由于网络资源来源于各个数字化的数据库，因此他们在网络上保证运行还需要耗费大量的人力、物力等，因此也存在一些有偿资源。有偿资源与免费网络资源相互补充、长期共存，为英语教师和学生提供了所需的各种各样的资源。

3. 按人类信息交流形式来分

如果按照人类信息交流形式来分，网络资源又可以分为正式出版信息资源、半正式出版信息资源以及非正式出版信息资源。

正式出版信息资源是受一定产权保护、信息质量可靠且具有较高的利用率的信息资源，如各种网络数据库、电子图书、电子杂志、图书馆目录等。

半正式出版信息资源是指受一定产权保护，但是没有纳入正式出版系统信息的资源，如企业和商业部门、各种学术团体和教学机构、国际组织和政府及机构等为了宣传自己的产品而产生的描述性信息。

非正式出版信息资源是指随意性强、流动性大、信息质量很难保证的动态性信息资源，如专题讨论小组、专题论坛、电子邮件、电子布告、电子学术会议等。

（四）网络资源的检索

网络资源的检索也是对英语教学中的网络资源了解的一项重要内容。下面从检索门户和具体的检索技巧两大层面来分析网络资源的检索。

1. 网络资源检索门户

网络资源常常是通过搜索引擎来进行资源检索的。当用户通过关键词查找到信息时，搜索引擎会在数据库中搜寻用户需要的信息，如果搜索不到或者找到的信息与用户所需不符，那么就采用特殊的算法计算出各网页的排名等级和相关度，然后根据关联度将这些网页的链接展示给用户。

（1）搜索引擎搜索

对于首次运用搜索网络资源的用户来说，目录网站是初次查找所需要的。由于目录网站包含着之前筛选过的网址，而且有详细的分门别类，所有类别都经过细化处理，因此用户可以更容易地找到需要的资料。

搜索引擎的出现是建立在目录网站的基础上，便于用户根据关键词搜索自己需要的信息。但是，很多时候人们搜索出的并非自己想要的信息，甚至需要输入几百或者几万次，因此需要搜索者花费大量的时间进行搜索。对于那些记不住门户网站名的用户，使用搜索引擎是最佳的选择，他们只需要记住几个就可以，然后再输入关键词就可以进入到查询的领域，充分享受计算机搜索带来的乐趣。

（2）门户网站搜索

门户网站是一种自身有丰富的内容，并且能够链接到其他网站的网络检索形式。通过门户网站搜索，用户能够记住网站的地址和名称，这没有上面所说的搜索引擎方便，但是其指向性却非常直接。

对于英语教学来说，这些有益的网站往往需要个人或者组织的维护，他们愿意花费大量的时间和精力对网络资源进行分类和更新。这些信息具有可靠性和及时性，是英语教师搜索网络资源时可以经常使用的。

另外，网站也是英语教师查找网络资源的开始地点，其与门户网站的最大区别在于可以经常返回到网站列表。

2. 网络资源检索技巧

当用户需要进行信息检索时，往往在搜索引擎中输入自己想要寻找的关键词，然后点击搜索就可以，最后系统将结果呈现出来。这种方法是非常简单的，但是结果往往并不十分准确，可能存在着很多无用的资源。这时，掌握网络资源搜索技巧是必需的。

二、选择自主学习方式

教育的最终目的是让学生成为独立的学习者，当然大学英语课程教学也不例外。近些年，自主学习越来越成为教育界研究的重点。就当前大学生的英语学习效果来看，他们虽然花费了大量的时间在英语学习上，但是收到的效果并不理想，归结原因主要是学生缺乏自主学习的能力。因此，学生有必要转变自己的学习方式，从他主学习转向自主学习。下面就对自主学习进行分析。

（一）自主学习的定义

自主学习是将学生作为中心，根据学生自身需求进行自主学习规划、自主学习管理、自主学习监控、自主学习评价等。具体而言，自主学习可以划分为如下五个步骤。

第一，学生基于不同需求，分清学习主次，对自己的学习目标进行规划。

第二，学生基于需求选择学习材料，并制定与自己学习风格相符的学习策略。

第三，学生对自己的学习进度、学习时间要合理把控。

第四，学生在学习中要不断反思与调整。

第五，学生要对评价标准有明确的把握，从而对自己的学习效果进行衡量。

（二）自主学习的实施

1. 营造自主学习的氛围

现在信息技术在英语课程教学中迅速普及，并且为学生的自主学习提供了便利。教师可以运用网络为学生创造自主学习的氛围，激发学生英语学习的欲望与积极性，增强学生学习的效果。例如，学生可以利用电脑进行语言专项训练、与他人交流、浏览英语文献资料等。当然，教师可以为学生介绍一些优秀的学习网站，让学生自主学习，以扩充自己的知识储备。

2. 训练学生自主学习的技能

自主学习需要一定的技能，这些技能并不是先天的，而是经过一定的训练和实践获得的。因此，在大学英语课程教学中，教师应该注意训练学生自主学习的技能，从学生个体的需求出发，制订符合学生的自主学习计划，帮助他们掌握适合自己的自主学习技能。

在学生的自主学习过程中，教师的责任就是指导学生掌握学习策略，并且学会运用学习策略。教师可以为学生推荐一些阅读材料，并且给学生介绍一些阅读技巧，指导学生写读书笔记，从而不断提高学生的自主学习能力。

3. 激发学生自主学习的兴趣

兴趣是学生学习的动力与源泉。设计出与学生学习兴趣相符的活动有助于开发学生潜能，促进学生的自主学习。在传统的大学英语课程教学中，学生是被动的接受者，教师常常忽视学生的兴趣，但在自主学习中，学生居于学习的主体，是主动的学习者，因此学生学习的兴趣也会被激发出来。为了激发学生的自主学习兴趣，高校英语教师可以从如下几点着眼。

（1）对学生展开需求分析

高校英语教师要首先对学生进行需求分析，然后从不同学生的需求出发，帮助学生制订学习计划。当然，教师为了更好地与学生的学习计划相适应，要不断调整与改进自己的教学策略。

（2）尊重学生的个性差异

不同学生，他们的学习风格、学习水平等必然存在差异，因此高校英语教师要考虑学生的这些差异，让学生对学习内容、学习步骤进行自主学习，以提高不同学生的自主学习能力。

（3）关注学生的反应

在学生的自主学习中，高校英语教师要观察学生的反应，包含自主学习目标的建立、自主学习的适应情况等，从而根据学生的反应调整与改进教学计划，并帮助学生解释自主学习过程中遇到的问题。

4. 培养学生自主学习的习惯

良好的学习习惯对于学生的自主学习是非常重要的。在自主学习中，高校英语教师应该努力培养学生的自主学习习惯，使学生努力克服自主学习中的不适感，发挥自身优势，从而完成学习目标。

三、选择探究性学习方式

（一）探究性学习的含义

探究是多层面的活动，包括观察；提出问题；通过浏览书籍和其他信息资源发现什么是已经知道的结论；制订调查研究计划；根据实验数据对已有的结论做出评价；用工具收集、分析、解释数据；提出解答、解释和预测；交流结果；探究要求确定假设，进行批判的和逻辑的思考，并且考虑其他可以替代的解释。

相对于学生而言，探究作为一种学习方式，是指学生在学习情景中观察、阅读，发现问题，收集数据，形成解释，获得答案，并进行交流，研究学习。探究性学习等同于“探究学习”。作为一种学习方式，课堂中的探究，即探究学习与探究教学，具有开放性、探究性、实践性的特点，体现了以下四种关系。

1. 参与、探索

在探究学习的过程中，所有学生都需要积极参与，将自己视作“科学家”，通过各种探索来得出结论，这可以有效培养学生的钻研以及实践能力。在教学过程中，教师不可将结论直接告诉学生，尽量让学生通过探究自己得出结论。

2. 平等、合作

在探究学习的过程中，学生取得成功的机会是均等的，而且还需要彼此合作，取得最终的学习成果。另外，师生之间的关系同样是平等的，教师可以作为学生的朋友参与其中。换言之，探究学习其实是一种学生彼此之间通力合作的过程，并不是竞争或者对立的关系。

3. 鼓励创新

在探究学习的过程中，教师应该尽可能鼓励学生通过想象提出自己的看法、预见、假设等，教师应该充分尊重学生的观点，让学生大胆去创新，从而培养他们的创新精神。

4. 自主和能动的关系

探究学习的另一重要特点是自主性。在整个学习活动中，学生自选课题、自定工作方案，整个过程教师不能直接干预，虽然最后评鉴是经教师提议进行的，但怎么做还是由学生自己来决定。

（二）探究性学习的实施

1. 情境引导式

探究式教学模式的展开离不开课程中的知识点。教师通过一定情境引入某一个知识点，这个知识点不是由学生来选择和确定的，也不是由社会生活中的某个现实问题而产生的。这个知识点是教师根据教学目标、教学进度来合理选取的。一旦确定了教学知识点，教师就可以针对这个知识点扩展开来，设置一系列问题、任务等，利用合适的教学手段创设相关的学习情境，引导学生进入这个目标中展开学习。

2. 启迪切入式

确定了学习对象之后，教师在布置给学生之前需要向他们提出一系列富有启发性的问题，让学生进行深入思考，同时结合需要学习的对象，让学生带着这些问题切入学习对象，这一环节十分重要，是确保探究式学习取得成效的关键环节。教师所提出的问题是否具有启发性，是否能够引起学生的深入思考，是探究性学习的关键要点。

3. 自主探究式

教师在教学时一定要注意调动学生对自主学习、探究学习的积极性，进而安排学生进行小组合作学习。在课堂上，教学目标的实现主要依赖于学生的自主学习、合作学习、探究学习来完成，因此这一环节对于教学效果的好坏而言同样至关重要。

在具体的操作过程中，教师需要处理好学生之间、师生之间、技术之间的关系。其中，教师的作用主要是支持与引导，学生则需要充分发挥主动性、积极性，利用网络、多媒体等技术来达到自主探究的目的。

4. 交流协作式

交流协作与上述几个环节是紧密相关的。学生在自主探究、积极思考之后，就可以进入更高质量的协作交流阶段。换言之，协作交流的进行必须要建立在自主探究的基础上，如此学生的交流思路、观点碰撞、成果分享才能顺利进行。在这一过程中，教师需要起到合理地组织、引导、协调的作用。

第三章　高校英语教学的内容创新

第一节　高校英语基本知识教学创新

一、互联网技术下高校英语词汇知识教学的创新发展

（一）互联网技术下高校英语词汇知识教学的优势

互联网技术对高校英语词汇教学有着巨大的意义，其可以对词汇教学的过程进行全新的设计，也可以为学生设计个性化的词汇操练形式，从而彰显词汇教学的新意。下面就对其优势进行分析。

第一，有助于增强词汇掌握的时效性。在互联网教育背景下，高校英语词汇教学有助于为学生创设词汇学习的环境。运用互联网技术这一集文字、图像于一体的形式，能够鲜活地呈现词汇教学的内容，也有助于扩大学生的眼界，提升学生的词汇素质与能力。这样词汇教学就突破了时空的限制，让学生更快地获取信息，因此在互联网教育背景下，词汇教学使学生对词汇掌握的时效性加强，同时也缩短了教学的时间。

第二，有助于提高词汇记忆的效率。就记忆的角度而言，人们记忆动画或者图片的能力要明显强于文字。因此，学生在学习新单词的时候，教师可以在不同的语境中将新的词汇呈现出来，这样词汇在不同的语境下进行转换，让学生对词汇产生新的认知。在互联网教育背景下，学生可以接触各种语境，显然学生更容易记忆。这是与认知主义理论相符的，既将机械地记忆词汇转化成对词汇有意义的学习，也便于学生建构词汇意义。

第三，有助于扩展词汇认知的层面。在传统的词汇教学中，师生接触的词汇材料多是封闭的，仅仅局限在教材与大纲层面，对信息仅仅是被动接收。互联网技术的引入，可以改变传统的词汇教学认知，学生也可以通过网络获取更多信息，从而扩充自身的词汇量。

另外，从很大程度上来讲，互联网技术让大学生对英语文化背景知识有了更充分的了解，因此可以增加学生的知识存储量，使学生的词汇学习更为有趣。有些词汇在不同的语

境中会产生不同的意义，因此学生不仅要对这些词汇的内涵意义有所把握，还需要对其外延意义有所了解。只有这样，才能对词汇有准确的了解和把握。在互联网技术背景下，学生接触到的词汇往往是比较鲜活的，这有助于他们对词汇意义的理解。

（二）互联网技术下高校英语词汇知识教学的创新方法

目前，英语词汇教学存在着诸多问题，教学现状并不佳。对此，为了切实提高英语词汇教学的效果，提升学生的词汇水平，培养学生的跨文化意识，就需要在遵循基本教学原则的基础上，对教学方法进行优化，即选用新颖、有效的方法开展教学。

1. 词源分析法

这一方法主要适用于英语词汇中的一些典故词汇。在英语词汇中，有很多词汇是从典故中来的，因此其文化内涵非常丰富，很难从字面上去理解与把握，必须借助词源展开分析。无论对于中国人还是西方人来讲，在口语或者书面语中都会运用一些典故、传说等，因此对于这类词汇的教学是非常重要的。

2. 文化知识融入法

在词汇教学中，教师可以采用教授法开展文化教学，即教师直接向学生展示文化承载词的分类及内涵等，同时通过图像声音结合的方式列举生动的例子加以说明，直观地培养学生对文化的兴趣。只有熟悉了英语文化，才能让学生透彻地了解英语词汇。学习语言时不能只单纯地学习语音、词汇和语法，还要接触和探索这种语言背后的文化，在语言和文化的双重作用下，才能真正掌握英语这门语言。采用直接讲授法讲授文化，既省事又有效率，而且这些文化不受时空的限制，方便学生查找和自学。

例如，“山羊”（goat），在汉语环境中，“山羊”一般扮演的是老实巴交的角色，由“替罪羊”这一词就可以了解到；在英语环境中，goat 则表示“好色之徒”“色鬼”。这类词语还有很多，如 landlord（褒义）/“地主”（贬义）、capitalism（褒义）/“资本主义”（贬义）、poor peasant（贬义）/“贫农”（褒义）等，这些词语代表了人们不同的态度。在词汇学习过程中，要深入了解和尊重中西方文化，这样才能更好地将词汇运用于交际。

再如，根据当下流行的垃圾分类，教师可以让学生翻译这四类垃圾：干垃圾、湿垃圾、有害垃圾、可回收垃圾。大部分学生都会将“垃圾”一词翻译为 garbage，实际上正确的翻译应是 waste。由这两个词就可以看出中西方文化差异。在英语中，garbage 主要指事物或者纸张，waste 主要是指人不再需要的物质，可以看出 waste 的范围更广，其意思是“废物”。当翻译“干垃圾”和“湿垃圾”时，学生又会翻译得五花八门，实际上“干垃圾”是 residual waste，“湿垃圾”是 household food waste。所以，学生有必要深入了解中西方文化的异同，这样才能学好词汇，才会形成英语思维，进而形成跨文化交际能力。

3. 创设语言情境法

语言只有在语境中才能焕发生机与活力，单独去看某个词很难在其中发现个中韵味，但是一经组合和运用，语言便有了生命力。因此，教师应创设信息丰富的环境，为学生提供真实的语言环境和大量的语言输入，使学生在逼真的语境中学习英语，给学生提供学习和运用词汇的机会。教师可以设计一些活动，如组织学生观看电影，然后指导学生进行角色扮演，让学生经历真实的跨文化交际情景，培养学生的跨文化交际能力。

除组织跨文化交际活动外，教师还可以组织一些课外活动，让学生切实感受英语文化，扩充学生的词汇文化资源，培养学生的跨文化交际能力。

4. 网络辅助法

词汇学习不能仅依靠教师的课堂讲授，还要依靠学生的课外自主学习，对此教师应有效引导学生充分利用课外时间来自主扩充词汇量，丰富词汇文化知识。

（1）推荐阅读书目

教师可以向学生推荐一些课外读本，让学生利用课余时间进行阅读。通过阅读英语名著，学生不仅能充分了解西方文化背景知识，扩大文化视野，还能积累丰富的词汇，了解词汇的运用背景以及词汇的文化含义，更能培养学生良好的自主学习习惯，促使学生终身学习。可见，阅读英语书籍对学生的词汇学习而言是非常有意义的。这不仅能培养学生的自主学习能力，还能丰富学生的文化知识，扩充学生的词汇量。

（2）英语电影赏析

现在的大学生对于英语电影有着浓厚的兴趣，对此教师可以借助英语电影来提高学生的词汇能力。具体而言，教师可以选取一些蕴含浓厚英美文化，并且语言地道、通俗的电影让学生观看。这样学生可以在欣赏影片的过程中，切实感受英美文化，提高文化素质和词汇能力，同时提升学习词汇的兴趣。

（3）学习资源圈共享，引导学生深度学习

通过共享学习资源圈的建构，对学生展开分层教学，教师可以为学生介绍一些与课本配套的线上课程，通过这些线上的课程，可以对课堂的内容加以补充，从而不断丰富学生的学习资源。由于学生固有的知识水平是不同的，并且他们的学习情况也存在差异，因此在进行教学的时候，教师应该实施分层教学，考虑学生的不同层级，设置的任务要与他们的能力相符，这样才能满足不同学生的学习需求。

在互联网技术的辅助下，学生的词汇知识学习不应该仅仅局限于阅读、写作、背诵层面，而应该将那些零散的知识整合起来，实施再现学习。通过互联网技术的辅助，不断设计自己的学习，将学生的学习兴趣和积极性激发出来。建构主义注重将学生作为中心，强调学生对知识的获取能力与探索能力，让他们主动发现与建构知识。通过对知识的发现与建构，解决自己学习中遇到的一系列问题。

（4）建立评价机制

通过互联网技术，学生可以自己展开测试，这可以让教师对数据加以整合，找出学生容易出现问题的地方，然后在课堂上将这些重难点讲解一下，并及时收集学生的学习情况。显然，通过这种线上测试，可以激发学生的学习兴趣，也是对学生自主学习的一种鼓励。

二、互联网技术下高校英语语法知识教学的创新发展

（一）互联网技术下高校英语语法知识教学的优势

语法教学与英语技能教学有着紧密的联系，但是传统的语法教学存在明显的问题，如语法教材比较落后、语法教学方法比较传统等。在教学中，教师往往是根据教材进行讲解的，然后通过教材中的练习让学生进行巩固。但是，在实际的口头、笔头交际中，难免会出现各种语法问题。并且，在日常考试中，存在较多的单选题，这也不利于学生掌握语法的运用。

与传统的高校英语语法教学相比，互联网教育背景下的高校语法教学有着明显的优势。

第一，具有形象性。互联网技术在高校英语语法教学中的应用，对传统依赖教材的局面造成了冲击，使枯燥的语法教学变得更为有趣、直观。

第二，具有多样性。互联网技术在高校英语教学中的应用，使教学形式更为多元化，不仅有课堂内容的组织，还有课外内容的组织。同时，高校语法教学活动的设计也更为多元化，有助于将学生的听、说、读、写等功能调动起来。

第三，具有逼真性。互联网技术为高校英语语法教学提供了更为真实的语境，通过图片、视频等，可以不断提升学生的学习效果。

第四，具有互动性。互联网技术让高校英语语法教学从课堂转向“课堂+课外”，实现了远程的学习与交流。

（二）互联网技术下高校英语语法知识教学的创新方法

1. 文化对比法

文化对于语法教学影响深远，因此教师可以采用文化对比的方法展开教学，让学生不断对英汉语法的差异有所熟悉，培养他们的跨文化交际意识与能力。

众所周知，我国学生是在母语环境下来学习英语的，因此不知不觉地会形成母语思维方式，这对于英语学习而言是非常不利的，甚至在组织语言时也掺加了汉语的成分。基于这样的情境，英语教师就需要从学生的学习规律出发展开对比教学，使学生不断认识到英汉语法的差异，这样便能在发挥汉语学习正迁移的前提下，使学生掌握具体的英语语法知识。

2. 创设语境法

在高校英语语法教学中，教师可采用情境教学法开展教学，情境教学法有着包含语法规则和知识的真实环境，可以充分调动学生不同的感觉器官，激发学生学习的兴趣，可以让学生在接近真实的情境中切实参与到学习中，使学生系统地掌握语法知识。语法教学通过情境化实现了认知与情感的联合，颠覆了过去只讲述语法规则的陈旧方法，学生有了使用语言的空间。通过情境化教学，课堂氛围更加活跃，师生关系更加和谐，学生的语法能力和交际能力会得到显著提升。具体而言，情境教学的教学途径包含以下几个。

（1）融入音乐，创设情境

青少年通常对音乐有着强烈的兴趣，因此在语法教学中，教师可将音乐与语法教学相融合，营造轻松愉悦的气氛，在聆听中学，在欢唱中学。例如，在讲授现在进行时这一语法时，教师可以让学生先欣赏歌曲，并让学生持有该曲的歌词，然后找出歌词中含有现在进行时的句子。这样既能激发学生的学习兴趣，分散学习的难点，又能使学生在不知不觉中学到知识。

（2）角色扮演，感受情境

在高校英语语法课堂教学中，教师还可以组织学生进行角色扮演，让学生身临其境地学习语法知识。学生可以通过自己扮演的角色，体验相应情境下人物的言行举止、思想情感，深化所学知识，提高学生的人文素养。

（3）运用媒体，展示情境

在语法课堂教学中，有些教学情境因条件的限制无法创设，但随着多媒体技术的发展及其在教学中的运用，这一缺陷被弥补了。多媒体教学素材丰富多样，包含图像、图形、文本、动画以及声音等，将对话的时空体现得生动和形象，图像和文字都得到了充分的体现，课堂氛围不再沉闷死板，学生的感官得到了调动，加深了学生的印象，提高了学生参与课堂教学的积极性，教学和学习效率也得到了显著的提升。

（4）设计游戏，领悟情境

设置符合学生心理和生理特征的语法教学游戏，可以激发学生的学习积极性，让学生积极参与其中。生动活泼的游戏可以调动学生的多种感官，使学生原本觉得困难的语法结构也变得简单许多，从而使学生在潜移默化中掌握语法知识。

3. 翻转课堂教学法

翻转课堂是随着互联网技术的发展而产生的一种新型教学模式，将该教学模式运用于高校英语语法教学，可有效调动学生学习语法的兴趣，促进学生自主学习能力的提高，提高学生的独立思考能力，进而培养学生的语法能力。翻转课堂这种教学模式不再以教师为中心，而是以学生为中心，教师只是起到辅助作用，学生是教学环节的重点，师生之间处于互动的状态。翻转课堂语法教学模式流程如下。

（1）提升微课制作水平，借鉴网络教育资源

相较于传统的语法教学模式，翻转课堂最大的特点在于以视频微课代替了“黑板+粉笔”的教学方式。但对于已经习惯了传统教学模式的英语教师来说，很难在短时间内适应视频微课这种形式，因此教师首先要熟练掌握微课的制作技术，灵活运用各种制作软件；其次要重视视频微课内容的整合与加工，在内容选择上要结合微课课本语法知识，并借鉴网络上优质的教育资源制作短小精致、内容丰富的数字化课程资源。

（2）拓宽师生互动渠道，确保语法教学效果

制作视频微课是翻转课堂语法教学的前提，后期的检查、实施和监督是更加重要的部分，因此师生之间应保持多维互动。首先，教师要指导学生观看视频微课，并对学生的学习内容和时间进行计划，把握学生学习的进度；其次，教师要利用社交软件建立 QQ 群和微信群等，加强与学生线上线下的互动，对学生在自主学习中遇到的问题进行解答，促进师生和生生之间的讨论，实现英语语法知识的消化和吸收。

（3）关注语法难点，提升教师答疑解惑的能力

基于翻转课堂，教师将制作好的视频微课上传到网络平台，学生自行下载，并在固定时间内完成自主学习，对于遇到的语法知识难点，除了课堂学习小组讨论外，更多由教师在课堂上统一解答或个别辅导。对此，英语教师应不断充实自身的语法知识储备，提升自己的语法能力，从而更好地解答学生的疑难问题。

（4）开展差异化教学辅导，促进学生自主学习

在翻转课堂教学模式下，教师要更新教学理念，改变传统的教学模式，主动融入和参与学生学习的各个环节，成为学生学习的指导者和监督者。由于不同学生之间存在巨大的差异，有着不同的基础水平和认知结构，因此教师需要采用不同的辅导方式来对不同层次的学生加以辅导，特别是对那些自律性不强的学生，更要采取有效方式来加以辅导，促进他们进行自主学习。

（5）重视教学评价，建立激励机制

翻转课堂语法教学重在学生的自主学习，为了掌握学生自主学习的频率以及参与程度，确保翻转课堂教学的效果，对学生进行考核评价就显得十分必要，而且这种考核要贯穿于课堂教学的全过程，并且评价形式要多样化，包括学生自我评价、小组评价、教师评价等多种考核评价形式。这种全方位的考核评价机制有利于教师掌握学生对语法教学的参与度和配合度，便于教师了解学生对语法知识的掌握程度，而且对学生有着正向的激励作用。

第二节　高校英语基本技能教学创新

一、互联网技术下高校英语听力技能教学创新发展

（一）互联网技术下高校英语听力技能教学的优势

与传统的高校英语听力教学相比，互联网教育背景下的高校英语听力技能教学有着如下两点优势。

第一，体现“以人为本”的教学理念。根据素质教育的要求，教学应该面向全体学生，目的是提升学生的综合素养。在高校英语听力教学中，教育技术的运用可以将“以人为本”理念体现得淋漓尽致。例如，在多媒体语音教室中，教学内容不再仅仅依靠单一的教材，而是采用多种技术，从自己的需求出发对教学内容进行选择，选择那些学生容易理解但是又稍高于自身水平的语言输入，通过不断学习与内化，转化成自身的语言能力，进而不断提升自身的听力水平。

第二，突破时空限制，改变传统听力教学模式。互联网技术的丰富性与共享性，对于传统的教学资源而言是一种冲击，课程资源不仅体现在书籍上，还会包含一些网络资源，

甚至一些音像制品。这就是说，在互联网教育背景下，教学内容不应该仅限于课本内容，学生的学习也不仅限于被动的学习，而是转变成主动的学习。互联网技术体现的是一种随时随地的技术，学生可以从自身需要出发，随时随地进行学习，对自己的学习进度、学习内容加以掌控。课件呈现的是图表形式或文本形式，这从视觉层面来说，可以让学生更为舒服，也营造出一种真实的语言氛围，对传统的教师与学生的单向传导加以改变，转化为教师与学生、媒体之间的交互传导。基于互联网教育的背景，教师再也不是知识灌输者，而是变成了教学的辅助者、启发者。

（二）互联网技术下高校英语听力技能教学的创新方法

1. 听力技能掌握法

听力的有效进行是需要一定技巧的，因此在英语听力技能教学中，教师应运用互联网技术向学生介绍几种常用的听力技巧。

（1）听前预测

在进行听力之前，进行一定的预测是很有必要的。在教学中，教师可以指导学生在正式听听力材料之前，先浏览一下听力问题，据此预测听力测试的范围，如地点、时间、人名等，这样可使听力更具针对性。

（2）抓听要点

在听的过程中，要学会抓听要点。也就是抓听交际双方言语活动中的主要内容、主要问题、主题句和关键字等，对于一些无关紧要的内容则可以不用重点去听。

（3）猜测词义

听力过程中不可能听明白每一个词，而且有时难免会遇到陌生的单词，此时如果停下来思考这个词的意思，就会影响对整个听力材料的理解。这时可以继续听，通过上下文来猜测词义，这样既不会中断思路，也能流畅地理解听力材料内容。

（4）边听边记

听力具有速度快和不可逆转的特点，听者在有限的时间内不可能听懂和记住所有的内容，此时就需要借助笔记来辅助听力活动，也就是边听边记录。听力笔记不需要十分工整，听者自己能看明白即可。

2. 混合式听力技能教学法

（1）加入多样化教学工具

①英文歌曲欣赏。在学习的闲暇时间，学生可以欣赏一些英文歌曲，这样可以使自己

身心放松，营造自身英语学习的氛围，另外，英文歌曲还可以帮助学生学习其中的一些表达方式，尤其是一些发音的技巧等，有效激发他们学习的积极性。平时，教师可以引导学生多听一些具有当地文化特色的英文歌曲，也可以选择一些有意义的歌曲，然后教师让学生了解歌词的内容，再通过听写、填空等方式为学生出题，让学生真正地能够听懂。

②英语竞赛视频。在平台上，还会有一些竞赛演讲的视频，学生可以通过这些视频感受其中的语音语调，感受优秀演讲者是如何进行演讲和应变的，这样学生不仅可以提高自身的听力，还会掌握一些演讲的技巧。多听一些竞赛的视频，从不同的角度来看待问题，这样可以不断提升学生的听力理解能力。

③访谈视频。一些名人的视频对于学生的听力学习也是非常有利的，学生本身会被一些名人、明星吸引，然后通过观看他们的视频，会带着好奇心去听、去看，这样对于提升他们的听力水平是非常有利的。当然，一般访谈的内容包含多个层面，或者是为了沟通情感，或者是为了讲述生活中的一些有意义的事情，或者是介绍自己的一些经历等，这些都容易引起学生的共鸣，同时还能够从他们的表情、语速中，学到一些听力技巧以及如何处理一些紧急的事情等。

（2）建立多元化考核机制

在评价体系上，英语听力技能教学要求以学生的专业能力、综合素养等作为教学目标，提倡学生展开自主学习与写作学习，这就要求在评价中必须打破传统的评价方式，即仅采用终结性评价，以教师考核为主。英语听力技能教学要求采用多元评价考核机制，即教师考评、学生自评、同学互评等相结合，实行终结性评价与形成评价相融合，使学生从被评对象变成主人，而教师从单一的评价者变成评价的组织者。

（3）合理设计听力翻转课堂

在课程开始之前，教师需要布置好音频与视频材料，学生自行听这些材料。在课程开始后，教师主要负责引导，他们不再是对材料进行详细的讲解，然后给学生对答案，而是将更多的时间用在为学生讲解听力技能上，然后为学生介绍相关的背景知识。课堂形式的展开方式也可以有很多种，可以是表演形式，也可以是讨论形式等。

教师除了应用教材外，还可以自己录制或者应用他人录制好的音频或者视频，在录制时，设置相应的生词、短语以及句型，并添加一些背景知识，这些对于教师来说不仅可以节省时间，还可以提升学生的学习质量和效率。

教学总是围绕书本内容展开的，学生接触的英语材料是非常有限的，如果他们的语言输入不足，那么必然会对他们的语言输出产生影响，这样长期下去，学生对英语学习就失去了兴趣和积极性。另外，随着网络的发展，网络上有着丰富的教学资源，这些资源对于学生的英语学习也是非常有利的。听力与英语其他科目不同，其学习需要学生进行大量的练习，因此教师可以通过网络平台，为学生搜集相关的音频或者视频资料，让他们展开练习。

二、互联网技术下高校英语口语技能教学创新发展

（一）互联网技术下高校英语口语技能教学的优势

将互联网技术引入高校英语口语教学，不仅为高校英语口语教学带来了挑战，还为其提供了新的模式。因此，在互联网教育背景下，高校英语口语技能教学具有如下两点优势。

第一，有助于学生展开实时或者非实时的口语交流，扩大口语交际环境。从语言交际理论来说，口语属于一种交际活动，口语教学的目的是不断提升学生的口语运用能力，但是单独靠口语者自身能力是不行的。在互联网教育背景下，学生进行实时或者非实时的口语交流，这样学生口语交际的环境就不断扩大，他们也拥有了宽松地训练口语的机会，通过沟通，学生会不断地发现问题，并展开积极讨论，从而对自己的口语能力进行改善。

第二，有助于学生接触更丰富的口语资料，展开独立学习，互联网技术的资源非常丰富，通过互联网技术，学生可以接触更多、更丰富，甚至与学生联系更为密切的资料，这些资料为教师的教授、学生的学习提供了更大的便利。从建构主义学习理论出发，学生是基于一定的社会文化背景，在外界因素的辅助下，对知识加以建构。现代口语理论也指出，口语属于一种认知活动，而互联网技术的融入有助于学生开拓思路，展开探究性学习，从而培养学生自身的独立学习与创作能力。

（二）互联网技术下高校英语口语技能教学的创新方法

1. 文化对比法

英汉文化差异对口语交际有着很大的影响，因此在英语口语技能教学中，教师应加入中国文化元素与西方文化元素的对比，呈现中西方文化之间的差异。以饮食文化为例，西方人宴请客人时多考虑客人的口味、爱好，菜肴通常经济实惠。中国人为了表示热情好客，在请客时通常准备多道菜肴，而且讲究菜色搭配。引导学生进行文化对比，不仅能提高学生的文化适应性，也能减少汉语思维的负面影响，进而提高学生的跨文化交际能力。

2. 翻转课堂教学法

将翻转课堂教学运用于高校英语口语技能教学中，主要可以从如下几点入手。

（1）课前任务

对于教师来说，教师要进行备课，为学生制作导学案，对本次课的教学目标、内容等有明确的认识，然后让教师专门录制视频。对于学生来说，学生要提前登录平台，对导学案、视频等进行浏览与观看，对自己的学习进度进行调控，当然遇到问题的时候可以随时暂停，进行分析或者记录，最后点击课前练习，可录制音频。另外，学生与教师或者其他学生可以在线交流，并将自主练习的音频传到平台上，供其他同学品鉴。

（2）探究解决办法

教师组织学生以小组的形式展开探究，学生可以根据自己课前的自学情况，各自交流心得与看法。在这一过程中，教师要时刻注意各组的学生学习情况，保证每一名学生都能够参与其中，并且可以适当进行指导，或者个别组有问题可以为他们答疑解惑。教师组织学生根据课前练习的话题展开多种形式的课堂活动，可以是演讲，可以是问答，或者可以是复述、看图说话、分组讨论等。这些形式可以让学生积极参与其中，保持参与的欲望。在课堂上，教师应该设置有差别的巩固性练习，学生可以对题目进行自主的选择，如果学生的基础差，他们可以选择基础型的练习题，如果学生的水平比较高，那么他们可以选择拓展型的练习。

（3）评价与反馈

当一个小组完成展示，学生需要进行自评，然后由教师给出评价。教师应该从学生各个方面的表现出发，对学生的学习情况进行客观的分析，提出专业的意见。当然，评价并不是仅仅发生在某一个环节之后，而是应该贯穿始终。

三、互联网技术下高校英语阅读技能教学创新发展

（一）互联网技术下高校英语阅读技能教学的优势

互联网技术为高校英语阅读教学提供了一个新的模式，开辟了一个新的领域。在互联网技术背景下，语言更具有趣味性，教师考虑自己的教学对象，选择适合他们的教学手段与方法，从而实现情境性教学。因此，互联网教育背景下的高校英语阅读技能教学具有明显的优势，具体包含如下两点。

第一，互联网技术为阅读教学提供了丰富的材料。在阅读教学中，教师可以从网上获取更多的阅读材料，通过自己的筛选，从而指导阅读教学。同时，学生自己也可以进行搜索与浏览，提升自己的阅读能力，加深自己对阅读知识的理解。另外，传统的英语阅读将字典视作工具书，不仅携带非常不方便，而且学生查询也是非常不方便的，甚至很多时候

查询到的结果也是自己不想要的。相比之下，网络为学生提供了一个虚拟的图书馆，容量非常丰富，也方便学生查询。

第二，学生可以调控自己的阅读进度，变被动学习为主动学习。传统的阅读中，学生对辅助的工具很难进行随心所欲的控制，往往自己的阅读学习是被动的学习。在互联网教育背景下，学生可以随意展开调节，对自己的学习速度加以控制。

（二）互联网技术下高校英语阅读技能教学的创新方法

1. 文化图式法

图式理论充分彰显了阅读的本质，即强调阅读的本质是读者及其大脑中所理解的相关主题知识与阅读材料输入的文字信息之间相互作用与交互的过程。图式理论是一种关于阅读研究的科学理论，其不仅强调文化背景知识与文化主题知识的重要性，还并未忽视词汇、语法在阅读中的重要作用。下面通过读前、读中、读后三个阶段进行详细的分析。

读前阶段是信息导入阶段。在这一阶段，要发挥出图式在阅读之前的预测功能。教师可以组织学生参加一些讨论、预测或者头脑风暴等活动，从而将学生头脑中的图式激发出来。在这一阶段，通过自上而下的阅读，学生头脑中的先验知识与文本相结合，从而将学生的图式激活与构建，为学生进一步的阅读埋下伏笔。

读中阶段是文化渗透阶段。在这一阶段，要发挥出图式的信息处理功能。学生根据自上而下的模式来探究文章的整体思路。一些新的文化知识可以通过自上而下的阅读模式获得，从而构建内容图式与阅读技巧。在读中阶段，略读、细读等都是比较好的策略。

读后阶段是文化拓展阶段。在这一阶段，要发挥出图式的记忆组织功能。教师可以通过各种活动对学生的新图式加以巩固，如辩论、角色扮演、讨论等。图式理论指出学生存储在大脑中的图式越丰富，学生的预测能力就越强。因此，课外阅读是非常重要的。

（1）阅读前阶段

头脑风暴法。在英语阅读中，头脑风暴法常被用于导入环节中。学生通过这一方法可以展开丰富的联想，从而刺激头脑中形成新的图式。因此，教师在文化导入过程中要考虑话题的需要，为学生创设合理的头脑风暴，让学生更好地融入课堂之中。

预测与讨论。在阅读之前运用图式理论时，教师应该发挥学生推理的能力。学生通过对文本材料进行解读与推理，从而刺激自身的图式。

运用多媒体资料。在文化导入阶段，教师应该善于运用多媒体资料，从而让学生更好地体验文化教学的特色。通过多媒体，学生可以更直观地感受语言知识，了解中西方语言文化的差异，刺激学生的图式，让学生在激活自身图式的基础上进行下一步内容图式的拓展。

（2）阅读中阶段

在读中阶段，教师可以在这一阶段进行文化知识的渗透，进一步对学生的内容图式加以丰富，从而让学生更好地展开阅读。在阅读技能教学中，教师采用扫描、略读等策略帮助学生构建灵活的图式，促进学生激发头脑中与之相关的图式，从而便于学生更好地理解文章。在细读阶段，教师要帮助学生挖掘与语篇相关的文化内涵，扫除他们在正式阅读中的障碍。首先，可以通过略读和扫读法，让学生大致了解文章的大意，从而获得对文章的总体信息与思路，这是帮助学生建构相关内容图式的有效路径。扫读法是学生根据教师的指令，能够在文章中找到特定的信息。其次，可以通过细读，根据上下文，让学生明确每一个单词的含义，尤其是那些具有文化内涵的词汇，从而丰富学生的内容图式。

（3）阅读后阶段

在读后阶段，主要是充分发挥学生头脑中的记忆功能。一般来说，读后的文化拓展的方法主要有如下几种。第一种是辩论。教师可以针对文本材料中的相关内容，选取一些视角展开辩论，学生在辩论中对与文本相关的内容图式加以巩固。同时，通过辩论，学生也可以更好地理解文本的文化内涵与文化背景知识。第二种是角色扮演。学生通过学习与文本相关的文化知识，从而丰富自身的文化内容。然后，学生带着角色有目的地重新阅读文本，教师引导学生对文本进行改编或者情景模拟，从而激发学生学习的兴趣和积极性，提高他们在真实语境下对文本综合运用的能力。第三种是总结性写作。这一方式有助于学生加深对文本的理解，让学生将文化知识从短时记忆转向长时记忆。第四种是课外阅读。除了课后巩固之外，教师还应该鼓励学生展开课外阅读。通过大量的课外阅读，学生可以提高学习的自主性，而且还能在阅读中不断丰富自身的内容图式。

2. 网络辅助法

将互联网技术与高校英语阅读技能教学相融合，大学生可以利用互联网技术搜索与学习自己喜欢的英语知识。但是，这并不意味着学生的网络搜索是漫无目的的，其中离不开教师的指导与引导。如果教师对学生的阅读学习不管不问，那么即便互联网技术再发达，学生自身的阅读兴趣以及阅读能力也是很难有效提升的。因此，高校英语阅读技能教学中融入互联网技术离不开教师的充分参与。具体而言，教师可以采用如下几种方式。

（1）运用网络激发学生兴趣

教师可以利用互联网技术为学生的英语阅读创建一个平台，让学生充分参与其中，利用这一平台来扩展自己的阅读能力。利用互联网技术，教师可以为学生准备阅读的丰富资料，实现阅读资源共享。在教学过程中，教师可以依据教材中的内容为学生建立一个网络阅读资料库，将教材中阅读的重点、难点都上传到网络上，同时为学生补充适当的课外知识，以拓宽学生的阅读视野。此外，为了避免学生在阅读学习中出现乏味情绪，教师还可以在学生阅读的资料中添加一些图片、视频、漫画、音乐等，在材料的格式、设计上也可以体现自己的特点，让学生爱上英语阅读。

（2）科学合理地选择阅读材料

显然，学生阅读能力的提高离不开大量的练习，换言之，英语阅读属于一门技巧训练的课程，需要花费大量的时间进行阅读训练。因此，这就要求教师为学生准备科学的阅读材料。在互联网技术的帮助下，教师可以为学生找到一些贴近课堂教学内容的阅读材料。在开始上课之前，教师为学生布置一些阅读要点，让学生自己上网搜索浏览，这可以在一定程度上培养大学生的查询以及获取信息的能力。随后，教师将自己所准备的阅读材料发给学生，让学生通过小组的形式阅读与交流，并分享心得。等到课堂结束的时候，教师可以安排学生对这次阅读活动进行总结，每一位学生都要写出总结报告，然后教师对学生的报告给予口头评价。

（3）科学地进行评估与分类指导

教师除了利用互联网技术在课堂上授课之外，还可以利用互联网技术对学生的学习成果进行评估。在设计一套合理教学评估方案之前，教师可以利用网络技术搜索与阅读相关的评价理论或内容，进而结合自身所教授的阅读材料中的生词、语法、词汇量、句法等知识来设计评估内容，如此获取的评估结果将可以充分了解学生的阅读水平。同时，教师还可以对学生的评估结果进行线上统计，对学生阅读的时间、阅读的效率也有充分的了解。

四、互联网技术下高校英语写作技能教学创新发展

（一）互联网技术下高校英语写作技能教学的优势

由于互联网技术自身的特点，在其运用到高校英语写作教学中有着明显的优势，具体而言体现为如下几点。其一，能够激发学生写作的积极性，消除学生的写作焦虑，让他们愿意写作。其二，有助于让学生积极参与其中，发挥学生的主体性，让学生主动参与评价，评价自身的写作。其三，能够让文章修改更为轻松，学生也不必忍受抄写的痛苦。其四，能够让写作教学与写作训练更为直观与形象。

（二）互联网技术下高校英语写作技能教学的创新方法

1. 文化教学法

当前，英语写作技能教学应该重视让学生积累丰富的文化知识，摆脱汉语负迁移作用

对学生英语写作的影响。在日常的写作中，如果学生遇到困难的句子，他们往往会选择用汉语思维对句子进行组织，导致出现了明显的语法错误，这就是受汉语负迁移作用的影响。因此，在英语写作技能教学中，教师除了对学生的词汇、语法等语言知识进行训练外，还需要帮助他们积累文化知识，避免学生出现负迁移的现象。同时，教师应该鼓励学生多进行阅读，让他们在阅读中挖掘文化知识，从而对自己的语言进行充实，写出一篇得体的文章。

2. 结果教学法

早期的英语写作技能教学主要源自修辞学研究，到了 20 世纪 60 年代，英语写作技能教学才转移自身的注意力，集中于文学作品的分析与理解层面，目的在于通过分析这些文学作品，掌握这些作品的写作手法，从而进行模仿，写出自己想写的东西。因此，人们将这种写作技能教学方法称为“结果教学法”。

结果教学法是一种从句子层面考虑的教学方法，其对学生遣词造句的能力非常看重，并且要求进行句子组合与语法训练，要求学生的能力从句子入手进而发展到语篇层面。教师关注的重点是学生写作的结果。结果教学法一般过程是，教师首先解释某一种修辞手段，然后要求学生对一个作品进行阅读，并在课堂上分析这一作品，接着教师会根据之前的修辞和阅读作品，为学生设置一些写作作业。在这样的过程中，教师可以为学生提供一些范文，最后由教师进行讲评。之所以将结果教学法用于写作教学之中，是因为其侧重于语言的准确与作文质量。结果教学法在写作技能教学中的应用非常广泛，国内的英语写作教材都是根据结果教学法设计出来的。在具体的实践中，结果教学法存在明显的差异。总体说来，这种教学法对于语言知识的运用非常侧重，侧重于要求文章中要恰当使用词汇、句法、衔接手段。从段落上说，对于段落的组织形式非常看重，即要求写作中运用何种模式组成段落。

结果教学法一般把写作分为四个环节。

（1）熟悉范文

教师选择一篇范文展开简介，对其中的修辞模式、结构模式展开分析与介绍，并对其中的语言特点展开分析。

（2）控制性练习

教师指出范文中的某些例句，然后让学生进行替换，学生根据教师的指导组句成篇。

（3）指导性练习

学生根据范文进行模仿，运用之前脑海中存储的句式进行写作，尝试写出类似的文章。

（4）自由写作

在这一阶段，学生可以自由进行发挥，这样使写作技能逐渐成为自身的一种能力。

但需要指出的是，结果教学法并未考虑写作本身的复杂性，从而导致学生也并未重视在写作中遇到的困难，学生的整个写作过程都是基于教师的控制完成的，并未自由地展现学生的创作能力，因此写出来的文章往往比较空洞。

3. 语块教学法

受负迁移作用的影响，学生习惯用汉语思维来对文章进行组织，这样很容易出现各种错误，如句式单一、语句不通顺等。因此，在跨文化转型背景下，教师可以采用语块教学法展开写作技能教学。

根据语块教学法，本族语者之所以能够表达顺畅，是因为他们在脑海中会存储一些各种情境下的语块，而不是某一个词。在发言或者写作中，他们可以调用这些语块，无须进行排列加工，这样的语言输出才更有速度与质量。同样，将这一理论运用到写作技能教学中就要求教师应该对学生加强语块训练，让学生脑海中形成整体的语言知识，以语块来组织写作练习，这样写出来的文章才具有整体性与格局性。

五、互联网技术下高校英语翻译技能教学创新发展

（一）互联网技术下高校英语翻译技能教学的优势

在传统的高校英语翻译教学中，教师主要是讲解，因此占据主体地位，但是这样的讲解忽视了实践的作用。在互联网教育背景下，高校英语翻译教学克服了这一缺陷，使学生占据主体地位，学生的学习也转向主动学习。在互联网教育背景下，教师只需要坐在计算机前面，就可以将自己所需要的信息检索出来，这样既保证了教学的效率，并且能够将课堂与社会热点相结合。教师可以从不同学生的兴趣与水平出发，将网络上的素材摆在学生的面前。同时，网络监控功能也可以让教师对学生进行监控，从而便于一对一进行指导。另外，互联网技术还可以为教师提供多种评价手段，学生可以自查自己的翻译文本，教师也可以查看学生的翻译情况。这样教师与学生都能够做到心中有数。当学生遇到翻译的问题时，可以与教师或者其他专家进行交流，从而找到问题的解决办法。

（二）互联网技术下高校英语翻译技能教学的创新方法

1. 翻译图式法

图式就是纯粹先验想象力的产物或者说是学习者以往习得的知识结构，并指出“新的

概念只有同人们已知的知识建立关系，才会变得有意义”。

（1）语言图式与翻译

语言图式是指人们对语言的掌握，包括词汇、句法、习惯用语、语法等方面的语言知识。当源语图式与目的语或译语图式相当一致时，图式的空位很容易被激活、恢复、填补和关联。具体在英语中，体现为对术语、句式特点、表达规范的互相关联。

（2）内容图式与翻译

内容图式是以文本内容以外的语言知识、背景知识推理及互动为主要内容建立起来的各种内容的知识记忆。译者通过对源语文本内容的了解和熟悉，调动现存的知识，填补图式空缺，顺利理解全文并给出合适的译文。

（3）形式图式与翻译

形式图式又称“结构图式”，是语篇的宏观结构，即语篇知识，对文章脉络的宏观把握。如企业文化的介绍，汉语语篇较为夸张、笼统和抽象，用词华丽，引经据典，修辞使用痕迹浓重；英语语篇则以信息和呼唤功能为主，提供客观依据引起目的语读者的积极回应。译者在英译或汉译时就要根据两类篇章特色，给予适当的处理。

（4）语境图式与翻译

语境图式顾名思义，指的是语言的使用环境，即对话语含义产生影响的各种语言成分的前后逻辑联系和各种主客观环境因素。语境决定词义、语言色彩和用法。英语除了涉及语码转换，译者还要依据动态的语境进行动态的推理。因此，译者除了要解决文本中的语言问题，还要高度重视文本中的语境问题。

（5）文体图式与翻译

文体图式是指文本的文体风格。所谓翻译的第一条原则“忠实”，就是要在内容、感情色彩、文体风格上做到忠实于原文。文体具有多样性，如信函简洁、礼貌、正式；合同措辞严密、句式精练紧凑、文体正式庄重，体现其严肃性和约束力。译者在翻译时要把握各个文本的文体特点，进行恰当的处理。

（6）文化图式与翻译

文化图式是指关于文化的知识结构，是人类通过已存的经验对文化的知识组织模式。文化的不同带来思维的差异，译者需要激活异质文化和本土文化的图式，确保对源语文本的正确解码。在广告中的商标名称的翻译中，如果不能很好地处理两种异质文化图式，很容易引起误解甚至是经济损失。如某童鞋的商标名称为“小白象”，“小”凸显商品为儿童用品，可爱小巧；“白象”除了用动物化方式贴近儿童消费者以外，凸显的是商品的耐久力以及使用商品后的运动力。在西方文化中，白象的含义为“大而无用的东西”，不管是从体积上还是心理上都没有凸显童鞋的特色，因此在处理成英文时，与其译成 Little White Elephant，不如调动和激活译文读者已存的文化图式，或建立、修正、改变现存图式，正确理解、传达信息，译成 Pet F Elephant，这样既避免了译语中的消极文化图式，又传递出了社会语用含义。

2. 网络辅助法

（1）制作个性化的翻译技能教学视频

在实施教学时，教师可以提前为学生制作视频，将教学内容进行模块化处理，每一个视频是围绕某一知识点展开的，如翻译理论、翻译技巧等。同时，在制作视频的时候，应该突出重难点，明确教学目标，为线上线下教学做准备。此外，教师还需要考虑翻译技能教学的连贯性，为了实现整体的教学目标努力。在课堂开始之前，教师制作视频，设置教学任务，并将其发布到网络平台上供学生阅读，教师通过让学生观看，对学生提出的问题加以汇总与解决。在课堂上，教师对视频中的技巧与理论加以梳理。组织学生进行协作学习，实现知识的真正内化。在课后，教师还可以组织学生撰写翻译笔记，从中了解学生是针对哪些问题存在疑惑的，进而对教学方案加以调整。

（2）利用多媒体展开翻译课堂教学，增加英语习得

在翻译技能教学中，教师可以辅以多媒体光盘展开教学。但是，由于各个学校的多媒体设备配置存在差异，并且很多配套光盘的内容系统性不强，因此教师需要斟酌才能使用。因此，最好的方式就是教师根据教学内容自己进行制作课件，然后展示给学生。这样的课件对于学生翻译能力的提升也是大有裨益的，可以促进不同层次的学生翻译能力都能得到不同程度的提升。

第三节 高校英语文化品格教学创新

一、文化品格的定义

文化品格即指的是人或者事物在思维方式、价值观念等层面表现出的气质、精神、特点与风格，其不仅是对人或者事物文化属性的规定，也是其价值取向的一个重要表现。从中国知网关于“文化品格”进行搜索，其主要涉及两大研究范畴：一是对某个人或者群体所具备的个性特征展开分析，二是对某类事物或者活动本身在文化层面表现出的属性与特征进行研究。但是综合分析来看，文化品格重在描述事物或者活动主体所展现出来的文化

特征与气质，并且这些文化特征与气质是事物以及活动主体的重要体现。

二、互联网技术下高校英语文化品格教学的方法

（一）中西文化对比法

1. 英语重抽象思维，汉语重形象思维

人类的抽象思维和形象思维是密切联系、互相渗透的。抽象思维讲究秩序，其思维具有系统化、组织化、形式化的特点，其严密的逻辑推理表现在语言上重形合、讲形式，求结构上的严谨；而形象思维重悟性，即不凭借严谨的形式来做分析，表现在语言上重意合。由于文化传统的不同，不同的民族形成了侧重点不同的思维习惯。思维方式是沟通文化与语言的桥梁。思维方式与文化密切相关，是文化心理诸特征的集中表现，又对文化心理诸要素产生制约作用。同时，思维方式又与语言密切相关，是语言生成和发展的深层机制，语言又促使思维方式得以固化和发展。

汉字起源于象形文字，直接从原始图画发展而来，从最初就具有直观性，其意义以字形与物象的相似为依据。

汉语中有丰富的量词，量词也是汉语形象化的体现。世间万物，千姿百态，形状各异，汉语中形形色色的量词形象生动，准确鲜明，对事物的姿态进行描述。如一朵花、一面镜子、一匹马、一盏灯、一堵墙等。英语只突出被描述的客体和数量，因而与以上汉语相对应的英文是：a flower，a mirror，a horse，a lamp，a wall。汉语里量词的大量存在是与中国人擅长形象思维分不开的，一把雨伞、一面旗、两尾金鱼、三艘船，这些量词与该名词的形象有关。英语虽然也有量词，但是数量上远没有汉语多，也没有汉语量词形象生动，并且同一个量词往往可以配上许多不同的名词，如英语中 a piece of news，two pieces of paper，a piece of land，a piece of furniture，a piece of information，同一个量词 piece 翻译成汉语却是：一则新闻、两张纸、一块土地、一件家具、一条信息，对应五个不同的量词。

汉语偏重经验感性的思维特点产生于汉民族的传统文化。汉民族文化重视实际生活经验，所以人们常说“嘴上无毛，办事不牢”，“老将出马，一个顶俩”。这种文化观念的思维定式反映在语言上，就是重经验直觉，带有较浓厚的感性色彩，词句的表达与理解，不太注重语法上的严密思考，而倾向于凭经验进行意合获取，这种特点在古汉语里表现突出。古汉语文章往往是竖行，从右至左书写，无标点符号，不分段落，一气呵成。

汉语的词序具有临摹现实的经验感性的思维特点。汉语词语前置或后置反映出生活经

验的时间顺序。在叙述动作、事件时，往往按事情发生的自然顺序排列句子，先发生的事件或事物在先，后发生的就在后。

在叙述动作、事件时，汉语往往按时间顺序的先后和事理推移的方法，一件一件事交代清楚，呈现一种时间顺序的流水图式。英语则是靠语法的逻辑性来体现事件发生的顺序。

2. 英语重个体思维，汉语重整体思维

英语单词在意义上具有一定的特指性，意义相关的词在词形上毫无相关之处。而汉字的意义通常极为广泛，例如，在汉语中只需一个“车”字即可代表英语中的 bus（公共汽车），car（小汽车），taxi（出租车），minibus（面包车）及 lorry（卡车）所指的任何一种交通工具。又如，汉语中“笔”可意指各种可以用来书写的用具，而英语中则对每种书写用具都有特定的称谓，如 pen（钢笔），ball pen（圆珠笔），pencil（铅笔）等。

英汉构词的这种思维差异在表示星期的这组词上体现得尤为明显：汉语中表示一周内第几天的词是用星期加上数字表示（周末“星期日”除外），如“星期一、星期二、星期五”等；在英语里这些只是一个个词形上毫无联系的词，如 Monday，Tuesday，Friday，从英语单词的词形看不出单词间的任何顺序关系和具体联系。

汉英思维上的这种差异也体现在时间和地点词语的排序及语篇的篇章结构上。在表达时间概念时，汉语顺序按年、月、日、时、分、秒这样一个从大到小的顺序排列。英语的顺序正好相反，按秒、分、时、日、月、年这样一个从小到大的顺序排列。

3. 中西方时间观念的差异

不同文化群体的时间观念存在差异。中国的文化传统比较强调大局观，主张凡事从大处着眼，其叙事的顺序、时间与地点的表述、姓与名的排列等，往往由大到小，由整体到局部。而英美文化则比较强调个体因素，看问题的角度往往由小到大，由个体到整体。

多向时间制的中国人支配时间比较随意，灵活性强，且重点是关注过去，因此中国人往往具有由远而近、由大而小、由先而后的聚拢型归纳式思维方式。在西方世界中人们的时间观念很强，其时间的概念是直线式的，即将过去、现在和将来分得很清楚，且重点关注的是将来，因此西方人往往具有由近而远、由小而大、由后而先的发散型演绎式思维方式。例如，中国人记录时间的顺序是“年、月、日”，而西方人记录时间的顺序是“日、月、年”或者是“月、日、年”。

（二）跨文化交际教学法

跨文化交际这一现象并不是近期才出现的，而是自古就有。随着人类不断进步，跨文化交际的内容、形式等也在不断改变。在当今时代，跨文化交际的手段和内容变得更为丰富。通过跨文化交际，国与国之间可以相互交流，这种交往的过程是十分复杂的。虽然交流的时空距离在不断缩小，但是人们的心理距离、文化距离并没有随之缩小。由于受文化取向、价值观念等的影响，文化差异导致了一些冲突和矛盾的出现，不同文化背景下的人们的交流面临着严峻的障碍。为了解决这些障碍，对跨文化交际进行研究是十分必要的。“跨文化交际”指的是来自不同背景的人们之间，通过语言来实现信息的交流与共享的过程。

跨文化交际的过程是一个信息编码与解码的过程。这一过程是非常复杂的，同时会受到多种因素的影响和制约。其主要包含两大因素：一是言语交际因素，二是非言语交际因素。下面就来分析和探讨这两大因素。

1. 言语交际

语言是人们进行交际的重要因素之一。语言跨越了人们的心理、社会等层面，与之相关的领域也很多。对语言进行研究不仅是语言学的任务，也是心理学、社会学等学科的任务和内容。因此，语言与交际关系的研究具有明显的跨学科性。人具有很多特征，如可以制作工具、可以直立行走、具有灵巧的双手等，但是最能够将人的本质特征反映出来的是人的语言。人之外的动物也可以通过各种符号来进行信息的传递，如海豚、蜜蜂等都可以传递信息，但是它们所传递的信息只能表达简单的意义，它们的“语言”是不具备语法规则的，也不具有语用的规则。人们往往通过语言对外部世界进行认识与理解。语言具有分类的功能，通过分类，人们可以对事物有清晰的了解与把握。人们的词汇量越丰富，他们对外部世界的认识就越清晰、越精细。

（1）言语调节

语言并不是一个简单的交流工具，语言不仅是文化的载体，它还是个人和群体特征的表现与象征。一般来说，能否说该群体的语言是判断这个人是否属于该群体的标志。同样，某些人都说同一语言或者同一方言，那么就可以很自然地认为他们都源自同样一种文化，他们在交流时也会使用该群体文化下的行为规范、价值观念、交际风格，因此也会让彼此感到非常的轻松。正因为所说的语言体现出发话人的身份，而且人们习惯于与说自己语言的人进行交流，因此学外语的热潮无论是在国内还是国外都很高，人们都想得到更多群体的认同。不仅如此，语言还标志着一个民族的文化独立与主权，其对于一个国家民族而言是非常重要的。统一的语言是民族、群体间的黏合剂，其有助于促进民族的团结。更为有趣的一点是，人们对其他民族语言如此的崇尚，往往会产生爱屋及乌的想法，对说这种语言的外国人会不自觉地流露出亲近与欣喜之情。

语言具有的这种个人身份与凝聚力预示着言语调节的必然性。所谓“言语调节”，又可以称为“交际调节”，即人们出于某种动机，对自己的语言与非语言行为进行调整，以求与交际对象建构所期望的社会距离。一般而言，发话人为了适应交际对象的接受能力，往往会迎合交际对象的需要与特点，对自己的停顿、语速、语音等进行稍微的调整。

常见的言语调节有妈妈言语、教师言语等，就是妈妈、教师等为了适应孩子或者学生的认知与知识水平而形成的一种简化语言。这属于一种趋同调节的现象，有助于更好地进行交流，达到更好的交流效果。当然，与趋同调节相对，还存在趋异调节，其主要目的是维持自己文化的鲜明特征与自尊，对自己的语言与非语言行为不做任何的调整，甚至夸大与交际对象的行为，这种现象的产生正是由于语言作为文化独立象征以及个人身份而造成的。或者说，趋异调节的产生可能是因为发话人不喜欢交际对象，或者为了让对方感受未经雕饰或者原汁原味的语言。总之，无论是趋同调节还是趋异调节，都彰显了发话人希望得到交际对象的认同，通过趋同调节，我们希望更好地接近对方；通过趋异调节，我们希望能够保持一定的距离。因此，理想的做法应该做到二者的结合，不仅要体现出自己向往与对方进行交际的愿望，还要保证一种健康的群体认同感。

需要指出的是，在影响言语调节的多个因素中，民族语言活力有着非常重要的影响作用。所谓“民族语言活力”，即某一语言的社会经济地位，以及说这种语言的分布情况与人数等。如果一种语言的活力大，那么对社会的影响力也较大，具有较广的普及率，政府与教育机构也会大力支持，人们也会更加青睐。这是因为，人们会将说这种语言的人与语言本身的活力相关联，认为这些人会具有较高的声望，所以愿意被这样的群体接受与认同。在跨文化交际中，言语调节理论证明了跨文化交际与其他交际一样，不仅是为了交流信息与意义，更是一个个人身份协商与社会交往的过程。来自不同文化的交际双方在使用中介语进行交流时，还需要注意彼此的文化身份与语言水平，进行恰当的调节。

（2）交际风格

第一，在表达意图、意思、欲望等的时候，有人会开门见山，有人却拐弯抹角；有人直截了当，有人却委婉含蓄。美国文化更注重精确，美国英语的运用在很大程度上与这一点相符。从词汇程度上来说，美国人常使用 certainly，absolutely 等这样意义明确的词汇。从语法、句法上来说，英语句子一般要求主谓宾齐全，结构要求完整，并且使用很多现实语法规则与虚拟语法规则。从篇章结构上来说，美式英语往往包含三部分：导言、主体与结论，每一段具有明确的中心思想，第一句往往是全段的主题句，使用连词进行衔接，保证语义的连贯。与之相对的是中国、日本的语言，常用“可能”“或许”“大概”这些词，篇章结构较为松散，但是汉语中往往形散神不散，给人回味无穷的韵味。

英汉语言的差异，加上受个人主义与集体主义的影响，引发了英美人与中国人交际风格的差异。中国文化强调和谐性与一致性，因此在传达情感与态度以及对他人进行评论与批评时，往往比较委婉，喜欢通过暗示的手法来传达，这样可以避免难堪。如果交际双方都是中国人，双方就会理解，但是如果交际对象为英美人，就会让对方产生误解。因此，从英美人的价值观标准上来说，坦率表达思想是诚实的表现，他们习惯明确地告知对方自己的想法，因此直接与间接的交际风格会出现碰撞。

第二，不同的交际风格有量的区别，即在交流时应该是言简意赅，还是详细具体，或者是介于二者间的交际风格。中东的很多国家都属于详细具体的交际风格，北欧和美国基本上属于不多不少的交际风格，中国、日本等亚洲国家属于言简意赅的交际风格。这是因为，阿拉伯语言本身具有夸张的特点，这使得阿拉伯人在交际中往往会使用夸张的语言来表达思想和决心。

第三，以个人为中心、以环境为中心的交际风格。以个人为中心的交际风格是采用一些语言手段，对个体身份加以强化；以环境为中心的交际风格是运用语言手段，对角色身份进行强化。这两种交际风格的差别在于，以环境为中心的交际风格是运用语言将社会等级顺序进行反映，将这种不对等的角色地位加以彰显；以个人为中心的交际风格是运用语言将平等的社会秩序加以反映，对对等的角色关系加以彰显。

第四，中西方交际风格的差异还体现在情感型、工具型的区别上。情感型的交际风格是以信息接收者作为导向，要求接收者具备一定的本能，对信息发出者的意图要善于猜测与领会，要能够明白发话人的弦外之音。另外，发话人在信息发送的过程中，要观察交际对方的反应，及时地改变自己的发话方式与内容。因此，这样的言语交际基本上是发话人与听话人之间信息与交际关系的协商过程。相比之下，工具型的交际风格是以信息发出者作为导向，根据明确的言语交际来实现交际的目标，发话人明确地阐释自己的意图，听话人就很容易理解发话人的言外之意，因此与情感型的交际风格相比，听话人的负担要轻很多。可见，工具型的交际风格是一种较为实用的交际风格。

显然，上述几种交际风格是相互关联与渗透的，它们是基于不同的文化价值观建立起来的，其中影响力最大的是集体主义与个人主义的差异，其在社会的各个领域都得以贯穿，并从很大程度上决定中西方文化的不同。

2. 非言语交际

言语交际是通过语言来展开交际的，而非言语交际是通过非言语交际行为展开交际的。非言语交际是言语交际的一种辅助手法，往往是被人们忽视的手法。但是，非言语交际在英汉交际中起着十分重要的作用，甚至有助于实现言语交际无法实现的效果。非言语交际包含多个层面，如体态语、副语言、客体语等。

对于非言语交际，一般来说主要包含如下几类。

（1）体态语

体态语又可以称为“身体语言”，身体各部分的器官运动、自身的动作都可以将感情态度传达出去，这些身体机能所传达的意义往往是语言不能传达的。体态语包含身势、姿势等基本姿态，微笑、握手等基本礼节动作，眼神、面部等人体部分动作等。

所谓“体态语”，即传递交际信息的动作与表情。也可以理解为，除了正式的身体语言之外，人体任何一个部位都能传达情感的一种表现。由于人体可以做出很多复杂的动作与姿势，因此体态语的分类是非常复杂的。体态语包括眼睛动作、面部笑容、手势、腿部姿势、身体姿势等。

眼睛是人类重要的器官，其是表情达意的重要组成部分，如愤怒时往往“横眉立目”，恋爱时往往“含情脉脉”等。在不同的情况下，眼睛也反映出一个人不同的心态。当一个人眼神闪烁时，他往往是犹豫不决的；当一个人白别人一眼时，他往往是非常反感的；当一个人瞪着他人时，他往往是非常愤怒的等。之所以眼睛会有这么多的功能，主要是因为瞳孔的存在。一些学者认为，瞳孔放大与收缩，不仅与光感有关，还与个体的心理活动有着密切的关系。当人们看到喜欢的东西或者感兴趣的事物时，他们的瞳孔一般会放大；当人们看到讨厌的东西或者不感兴趣的事物时，他们的瞳孔一般会缩小。瞳孔的改变会无意识地将人的心理变化反映出来，因此眼睛是人类思维的投影仪。既然眼睛有这么大的功能，学会读懂眼语是非常重要的，同时要注意不要读错。例如，到他人家做客，最好不要左顾右盼，这样会让人觉得心不在焉，甚至心术不正。需要指出的是，受民族与文化的影响，人们用眼睛来表达意思的习惯并不完全一样。

笑在人的一生中非常重要。当人不小心撞到他人时，笑一笑会表达一种歉意；当向他人表达祝贺时，笑一笑更显得真挚；当与他人第一次见面，笑一笑会缩短彼此的距离。可见，笑是人类表情达意不可或缺的语言之一。笑可以划分为多重，有大笑、狂笑、微笑、冷笑，也有自嘲的笑、高兴的笑、阴险的笑等。当然，笑也分真假，真笑的表现一般有两点：一种是嘴唇迅速咧开，另一种是在笑的间隔中会闭一下眼睛。当然，如果笑的时间过长，嘴巴开得缓慢，或者眼睛闭的时间较长，会让人觉得这样的笑容缺乏诚意，显得非常虚假和做作。当然，笑也有一些“信号”。其一，突然中止的笑。如果笑容突然中止，往往有着警告和拒绝的意思。这种笑会让人觉得不安，会希望对方尽快结束话题。但是，如果一个人刚开始有笑意，之后突然板着脸，这说明他比较有心机，是那种难缠的人。其二，爽朗的笑。这是一种真诚的笑，给人一种好心情的笑，一般会露出牙齿、发出声音，这种笑会让对方觉得你是一个很好相处的人，很容易信任与亲近你。其三，见面开口笑。这种笑是人们日常常见的，指脸上挂着微笑，具有微笑的色彩，这种微笑具有礼节性，可以使人感到和蔼可亲。无论是见到长辈、小辈，还是上级、下属，这种笑都是最为恰当的笑。但需要指出的一点是，在笑的过程中要更为谨慎，绝不是一见面就哈哈大笑，这会让人感觉莫名其妙，它是一种谨慎的、收敛的笑。其四，掩嘴而笑。这种笑是指用手帕、手等遮住嘴的笑。这种笑常见于女性，显得较为优雅，能够将女性的魅力彰显出来。由于文化背景的差异，不同国家的人对笑的礼仪也存在差异。在大多数国家，笑代表一种友好，但是在沙特阿拉伯的某一少数民族，笑是一种不友好的表现，甚至是侮辱的表现，往往会受到惩罚。

手是人体的重要部分，在表达情意的层面作用非凡。手是人们传递情感的行之有效的工具之一。一般情况下，手势可以传达的意思有很多，高兴的时候可以手舞足蹈，紧张的时候可能手忙脚乱等。当一个人挥动手臂时，往往是表达告别之意，当一个人挥动拳头时，往往是表达威胁之意。而握手这样一个日常生活中普遍的动作，也能够将一个人的个性表达出来。第一种类型是大力士型，其在与他人握手时是非常用力的，这类人往往愿意用体力来标榜自己，性格比较鲁莽。第二种类型是保守型，这类人在与他人握手时往往手臂伸得不长，这类人性格较为保守，遇到事情时往往容易犹豫。第三种类型是懒散型，这类人与他人握手时，一般指头软弱无力，这类人的性格比较悲观懒散。第四种类型是敷衍型，这类人与他人握手是为了例行公事，仅仅将手指头伸给对方，给人一种不可信赖的感觉，这类人做事往往比较草率。还有一种是标准的握手方式，即与他人握手时应该把握好力度，自然坦诚，不流露出任何矫揉造作之嫌。

在舞会、晚会、客厅等场合，人们往往会有抖腿、别腿等腿部动作，这些动作虽然没有意义，但是它们在传达某种信息。因此，腿在人们的表情达意过程中有着非常重要的作用。对腿的动作的了解是人们了解内心的一种有效途径。当你坐着等待他人到来时，往往腿部会不自觉地抖动，以表达紧张和焦虑之情。当心中想拒绝别人或心中存在不安情绪时，往往会交叉双腿。

（2）副语言

一般来说，副语言又可以称为“伴随语言”“类语言”，具体来说，其包含如下几点要素。

音型指的是发话人的语音物理特征与生理特征，这些特征使人们可以识别发话人的年龄、语气等。

音质指的是发话人声音的背景特点，包含音域、音速、节奏等。例如，如果一个人说话吞吞吐吐，没有任何的音调改变，他说他喜欢某件东西其实意味着他并不喜欢。

发声包含哭声、笑声、伴随音、叹息声等。

上述三类是副语言的最初内涵，之后又产生了停顿、沉默与话轮转换等内容。

（3）客体语

所谓“客体语”，是指与人体相关的服装、相貌、气味等，这些东西在人际交往中也有着非常重要的作用。从交际角度而言，这些层面都可以传达非言语信息，都可以将一个人的特征或者文化特征彰显出来，因此非言语交际是一种非常重要的媒介手段。无论是西方文化还是中国文化，人们对于自己的相貌都非常看重。但是在各国文化中，相貌评判的标准也存在差异，有共性，也有个性。例如，汤加认为肥胖的人更美，缅甸人认为妇女脖子长更美，美国人认为苗条的女子更美，日本人认为娇小的人更美等。人们身上佩戴的饰品本身并没有什么意义，但是出现在不同的场合，就是一种媒介和象征。例如，戒指戴在食指上代表求婚，戴在中指上代表恋爱中，戴在无名指上代表已婚。这些作为一种约定俗成的代码，人们不可以弄错。一般来说，佩戴耳环是妇女在交际场合的一种习惯。当然，少数的青年男子也会佩戴耳环，以彰显时尚。

第四章　高校英语教学模式建设与创新

第一节　高校英语教学模式的多视角阐释

一、高校英语教学模式的实践

（一）任务型教学模式下学生自主学习能力的培养

1. 任务型教学模式的含义及特点

任务型教学是当前交际法发展而来的。它是 20 世纪 80 年代英语教学研究者经过大量研究和实践提出的一个具有重要影响的语言教学模式，该模式是交际教学思想的一种发展形态，它把语言运用的基本理念转化为具有实践意义的课堂教学方式。学生在教师的指导下，通过感知、体验、实践、参与和合作等方式实现任务的目标，感受成功。该模式提倡“意义至上，使用至上”的教学原则，是一种以人为本，以应用为动力、目标和核心的教学途径，要求学习者通过完成任务，用目标语进行有目的的交际活动。

任务型教学模式中的“任务”可分为两类，一类是“教学任务”即学生在课堂上的学习活动；另一类是“真实任务”即在日常生活中从事的各种各样的事情。“任务”中的问题不是语言问题但需要用语言来解决，学习者使用语言并不是为语言本身而是利用语言的“潜势”达到独立的交际目的。

任务型教学模式是交际法的一种新的形态，是交际法的发展，而不是交际法的替代物；任务型教学强调教学过程，力图让学生通过完成真实生活任务而参与学习过程，从而让学生形成运用英语的能力；任务型教学虽然强调学生运用英语进行交际的能力，但从更广泛的层面强调培养学生综合运用能力；任务型教学强调以真实生活任务为教学中心活动，修正了以功能为基础的教学的活动中存在的真实性不足的问题；任务型教学要求教学活动要有利于学习者学习语言知识、发展语言技能，从而提高实际语言运用能力。

2. 任务型教学法的基本原则与教学过程

任务型教学法是指将任务置于教学法焦点的中心，它视学习过程为一系列直接与课程目标联系并为课程目标服务的任务，其目的超越了为语言而练习语言，即一种将任务作为核心单位来计划、组织语言教学的途径。

任务型教学过程分任务前阶段、任务环阶段和语言焦点阶段。任务前阶段包括介绍话题和任务。在这一阶段教师和学生一起探讨话题，着重介绍有用的词汇和短语，帮助学生理解任务指令和准备任务。这个阶段主要为学习者提供有意义的输入，帮助他们熟悉话题、认识新词和短语，其目的在于突出任务主题、激活相关背景知识、减少认知负担。

任务环阶段包括任务、计划和报告。学生以结对子或者小组活动的形式完成任务，教师不直接指导。学生以口语或者书面的形式在全班汇报他们是怎样完成任务的，他们决定了或发现了什么，最后通过小组向全班汇报或者小组之间交换书面报告的形式比较任务的结果。这个阶段为学习者提供了充分的语言表达机会，强调语言的流利性，交谈中语言的使用应该是自然发生的，不要求语言的准确性。

语言焦点阶段包括分析和操练。在这一阶段着重分析课文中出现的语言特点和难点。在分析中或者分析后教师引导学生练习新的词汇、语法并指出语法系统是极其有价值的。这个阶段的目的在于帮助学生探索语言系统知识、观察语言特征并将它们系统化，从而清晰、明了地掌握这些语言规则。

任务型教学的倡导者认为，掌握语言的最佳途径是让学生做事情，即完成各种任务。当学习者积极参与目的语的练习时，语言也被掌握了。学生注意力集中在语言所表达的意义上，努力用自己掌握的语言结构和词汇来表达自己的意思，交换信息。任务型教学追求的是给学生提供大量的、尽可能丰富的内容，让学生明确自己的学习目标，并在交际过程中，合理分配注意力，从而使语言得到持续、平衡的发展。

（二）内容型教学模式在教学中的应用

1. 内容型教学法的基本原则

（1）教学决策建立在内容上

语言课程的设计者和教材的编写者在设计阶段面临的两个问题就是内容（包括哪些项目）的选择和排序。在传统的教学方法中，不少方法如语法翻译法、听说法，它们通常按照语法的难易程度编写：如一般现在时比其他时态更容易学习，在教材的编写和教学中自然处于优先学习的地位，根据此原则编写的教材和教学把容易学习的内容放在初学阶段。

然而，内容型教学法颠覆了传统方法中内容的选择和排序原则，彻底放弃了以语言标准作为教学的出发点，而是把内容作为统率语言选择和排序的基础。

（2）整合听说读写技能

以往的教学法常常以分离的、具体的技能课如语法课、写作课、听说课的形式进行教学。内容型教学法试图在整合听、说、读、写四项基本技能的同时，将语法和词汇教学包含于一个统一的教学过程之中。由于语言交流的真实情境，以及语言的交互活动涉及多种技能的协同，派生了这项教学原则。同样，内容型语言教学反对在课堂上主张先听说、后写作的教学顺序。它没有固定的、一成不变的技能教学顺序，相反，它可从任何一种技能出发。可以看出，这一原则是第一个原则的引申，是内容决定、影响教学项目的选择和顺序原则的具体表现。

（3）教学的每一个阶段都要求学生积极地、主动地参与

自交际法产生以来，课堂的中心从教师转向学生，“做中学”成为交际语言教学的基本原则之一。任务型教学是交际法发展的分支，它强调学生应在完成任务的过程中进行探索性、发现性的学习。同样，内容型教学也是交际法的分支，重视学生在参与学习的过程中积极主动地学习。主张内容型教学的学者们认为，语言学习应产生于将学生暴露于教师的语言输入中；同时，学习者还可以在与同伴、同学的交往中获得大量的语言信息。因此，在课堂的交互学习、意义协商和信息收集以及意义建构的过程中，学生承担着积极的社会角色。

（4）学习内容的选择与学生的兴趣、生活和学习目标相关

内容型教学法的内容选择最终决定于学生和教学环境。教学内容通常与具体的教学和教育环境中的教学科目平行进行。在高等教育环境中，学生可以选修“毗邻”语言课。“毗邻课”是两个教师从两个角度教学同一内容，从而达到不同的教学目标的课型。在其他教学环境中，教学内容可以根据学生的职业需要和一般的兴趣特点进行选择。事实上，由于对于哪些内容是学生普遍感兴趣或者直接相关的很难确定，教材的编写者、使用者都很难把握这一条原则。但是，由于每个内容单元的教学时间长，教师有大量的时间和机会把课程内容与学生的兴趣以及他们已经具备的知识结合起来。因此，让学生对所选内容感兴趣是内容型教学理论实现的重要基石。

（5）选择“真实的”教学内容和任务

内容型教学的核心成分是真实性。它既要求课文内容的真实，又要求任务内容的真实。一首歌谣、一个故事、一段卡通都可以作为真实的教学内容。把这些真实的内容放置于英语教学课堂将改变它们原本的目的，从而服务于语言学习。同样，任务的真实性也是

内容型教学的目标，任务必须与一定的文本情景结合，反映真实世界的实际状况。

2. 内容型教学法的教学模式

（1）主题模式

主题模式通过主题形式来组织教学。这些主题内容主要来自学生学习的其他科目，或者与他们的兴趣和生活密切相关的内容，主题教学是为了实现教学内容、教学方法的突破，解决英语教学中长期难以解决的矛盾。主题教学模式强调学习语言所表达的意义，但并不忽视对于语言形式的学习。学生通过主题的建构，学习有关社会生活的知识，通过细节环节，学习词、短语、句型和语法知识，从而把意义与形式有机结合起来。

实现教师引导与学生自主学习的统一。教师的职责在于创造学习的语境，并给予正确的引导与示范。教师把以主题为主的认知结构的建构、拓展和深化的任务交给学生，这样就从真正意义上培养了学生的自主性。

（2）附加模式

附加模式是指语言教师和学科内容教师同步教授相同的内容教学，但是他们的教学重点和教学目的不同。语言教师的教学重点在于语言知识，完成语言教学目标；而负责学科内容的教师重点在于学科内容的理解上。例如，一个英语教师和一个心理学教师都以心理学内容进行教学。其中，英语教师将心理学材料作为英语语言课程的内容，其教学目的是提高学生的英语使用能力；而心理学教师的教学目标是完成心理学学科内容的教学。因此，在英语教师的课上，学生的主要任务是通过对富有挑战性的内容的理解和吸收，从而较快地理解难度较大的内容，并在语言教师的指导下，快速学会语言。

（三）整体化教学法在英语课堂教学中的应用

1. 导读

导读好比那种介绍背景、人物故事情节以至高潮的电影预告节目，能使学生对阅读的内容有个预先的了解，从而提高理解能力。英语教学中必须注意它的文学性。在导读中对课文的作者、背景及人物传记等应该用英语向学生作概括的介绍。教师要不失时机地介绍他们的生平和所选课文的背景知识，这样做，既扩充了学生的知识，又为学生提供了听的有益材料。在这基础上让学生听录音，以激发学生的阅读欲望，提高他们的能力。知识是能力的基础：一个人的知识越丰富，那么他的思维就越活跃，创造能力就越强，阅读能力也会得到相应的提高。

2. 阅读

教师的责任在于组织学生的认识活动，提高学生的自学能力。我们在教学中不仅要给学生以面包，更要给学生以猎枪。对于语言来说，形为意先，意为形用。我们在教每篇课文时都应该经历一个先泛后精的过程，制定 Reading purpose，利用一课时让学生通读全文，指导他们哪些要略读，怎样猜测词义，怎样找出主题句、过渡句，等等。迅速正确地理解段落是培养学生阅读能力的进一步要求，在教学中引导学生用英语找出段落大意，这是培养学生分析和概括能力的有效途径。在整体教学实践中我们采用了四步教学方法：指导好课前课文预习；反复阅读整篇课文，逐步加深理解课文的内容；学习课文的语言结构；运用课文的语言结构。这四个步骤是一个整体，相辅相成，抓住整体求侧面。

3. 叙述

（1）模仿叙述

任何创造均始于模仿，模仿叙述是创造叙述的准备。通过叙述有助于学生理解课文、丰富词汇和提高口头表达能力。

（2）创造叙述

创造叙述是叙述的高级阶段。引导学生在叙述中联想，在叙述中创造，启发学生突出作品的关键，发展故事情节。采用的方法有拟人化法、改换体裁法、分配角色法、变换人称法、综合法等。

4. 讲评

英语学习是实践—认识—再实践的过程。所以我们说，课外作业布置和批改是教学中的一个重要环节。在批改和讲评学生的过程中，必须遵循教师的主导作用和学生的积极性相结合的原则。

发现法就是学习法，就是说不仅要教会寻求事物，而且要动脑筋寻求获得知识的方法。我们在作业的过程中启发学生发现问题，提出问题，鼓励他们开动脑筋，自己解决问题。教师抓住提示、疏导、设疑、释疑这四个环节，发动学生自己改错，自获结论，从而逐步减少教师对学生学习的控制。

对于学生的作业全由教师收来“精批细改”并无多大益处，而是应该采取师生结合批改的方法。我们可采取学生自改、学生互改、教师评改、共同讨论这四个步骤，从而对错误进行分析，经过错误识别、错误释义和错误解释三个过程，创造活跃的智力背景，开阔学生的思路，巩固所学知识。

教师在批改作业中应该养成这样一个习惯：罗列学生的错误，归纳错误类型。然后展示给学生，引导学生自己纠错。

改错法是贯彻发现法的一个很好的途径。学生在改错中比较，在比较中鉴别，在鉴别中掌握知识。发现问题是解决问题的前奏。教师在评述作业中让学生自悟，促进知识的内化，这就是教师的主导作用。

导读、阅读、叙述和讲评是贯彻整体化教学法的四个重要环节。把课文作为一个整体来教，这是符合学校情况的教学方式，我们通过符合学情的教学方式进行系统的控制，可以取得最优的教学活动效率。

二、社会对高校英语教学模式的影响

（一）对教学内容的影响

1. 教学内容要求信息化

科学活动和教育活动的水平不断提高，规模不断扩大，它们是全社会组织起来，在内部具有良好的运作机制，在外部具有恰当的社会体制，得到全社会的高度尊敬和重视。人际间、地区间、国家间的交往手段由于信息技术的突破，获得巨大的发展，知识和资源共享的可能性日益扩大，这不但改变了人们的生活方式和工作方式，而且使社会发展和人类活动的国际化在全球范围内急剧加快。这是最令我们关注的当代世界的发展趋势：信息化和全球化。

“信息化”不是单纯地因为符号知识的量的积累，也不是单纯地因为出现了计算机、通信网络等能够迅速、高效地处理符号数据的“信息技术”，更不是由于知识本身突然获得了某种神秘的力量而能取代以前的物质财富的地位，成了“先进经济的最重要资源”。而是“信息化”本质上是由于生产力的进步，各门科学技术的普遍发展，是人类生产和社会组织程度越来越高的有序化的过程。

社会生产方式的信息化势必深深地影响高校英语教学课堂。现行高校英语教学内容文史类课文偏多，专业局限性强，练习配置走不出语言点的圈子，学生们重复着“背单词、抠语法”的老路。其所产生的效果不是使学生在大学时期的英语水平大幅提升，而是仅增加了一些词汇量，巩固了语法知识。因此，我们的教学内容在信息化方面应有所突破。

2. 教学内容要求多样化

社会经济的快速发展，促进整个社会生活方式发生巨大变革，信息的快速、频繁传递给人们的思想观念带来极大变化，人们早已不满足于以前的田园牧歌式生活，追求新奇、感受刺激成为现代人尤其是现代年轻人的时尚。反映在大学课堂上就是课堂内容要求不断更新换代，抱着几年、几十年不变的教材“满堂灌”早已成为学生厌学的首要根源。

所以，为适应形势需要，既可以增加与当前世界经济社会发展，特别是与 WTO（世界贸易组织）有关的简短时事文章，以拓宽学生的知识面，也可相应增加一些可供背诵的经典短文，以陶冶学生的审美情趣，使他们领会英文的真正魅力。还可增加现代报刊内容，增加科技英语内容，增加应用文题材内容，如广告、商业书信、电传、电报及合同等，使学生视野开阔，拉近与世界的距离，把握现代英语的发展趋势。学习英语是为了表达、沟通和交流，英语课堂教学应是一种师生互动的交际模式，着力于学生主体语言能力的生成与拓展，它是一个动态的、双向的语言信息交互过程。而同一层次上，把英语学习当成一种知识培训，而不是当成技能培训，讲解以语法、语言点和词汇为中心，过分强调死记硬背、满堂灌，在实际应用中很少强调英语的学以致用，这就造成高校英语学习只能停留在语言学习的最表层，结果大学生熟知英语的语法结构和词汇，却不知如何进行口头表达。

（二）对教学方式的影响

现代的青年学生成长于我国改革开放后，接受流光溢彩的现代文化熏陶，早已习惯于互动、色彩音像等现代信息传播模式。因此，课堂上教师手捧一本教科书，枯燥且乏味地从头讲到尾实在是不受欢迎。

课堂教学模式也应适应社会节奏快的形式，符合青年学生的活泼性格。教师应加强对学生的学习指导，引导学生多动提高学习效率的脑筋，丰富课外英语学习，如指导学生怎样通过各种媒体学习，如何有效地使用各种工具书，如何用英语完成某些相关的任务等。还可以开展灵活多样的教学活动，如在学生中组织英语会话沙龙，经常举办英语小品会演，不定期邀请外教或外国留学生与学生交流，定期在校内影院放映英语原版经典影片，经常组织英语教学专家和外国专家开办英语讲座等。还可根据不同专业的特点，做一份现实的科技、商贸资料；搞一次模拟导游，模拟外事接待；自办一期英文小报，搞社会调查并写一份英文报告，鼓励学生在因特网上参与某一热门话题的讨论，等等。这些不同的授课模式都可以激发学生学习英语的兴趣，拓宽视野，提高动手、动口能力。

（三）教师自身发展的需求

教师作为英语教学中最重要的一环，其教学思想和教学风格直接影响到学生学习英语的效果。在实际教学中，应从自己的教学特长出发，采用启发式、引导式和开放式等教学方式，引导学生成为课堂的主体。应改变注重语言知识教学，轻视语言表达能力培养的状况，加强有针对性、实践性、实用性并具有创造性的英语口语练习，可以开设听力会话课，针对精读或听力的内容进行口头问答或讨论交流，使听和说的能力同时得到加强。在教学中，还应尽可能增加国外交际常识、文化背景、民风民俗等方面知识的教学，加大学生跨国文化的知识面，以消除交际中因文化差异而导致的语言障碍和失误。

既然我们目前的教育业已转向市场行业，教师也应树立品牌意识，精心打造自己，使自己成为经受得起市场考验、受学生欢迎的名牌精品，如教学方法精益求精，学术追求创新，掌握信息技术。

三、微观角度透视当代中国高校英语教学模式

在求知的路上要读点哲学书籍，利于思想体系的丰富、完整。作为哲学领域一个分支的美学，也理应受到我们的关注。而且，若利用得当，美学会对英语教学起着不可估量的作用。

文本是指与读者发生接触关系前的自在状态，是属于作者的东西，具有意义势能；在审美主体与作品发生鉴赏关系后，作品已由作者创造的对象，变成了由鉴赏者继续创造的对象，作品的意义势能已经转变为动能而做功。在英语教学中，我们不能要求学生做这样的纯美学的鉴赏主体，但对文本的基础意义决不应断章取义。

（一）英语教学与美学在理论上的结合

1. 师生互为审美主客体，英语为双方共同的审美客体

人类的审美活动是人类一切活动中最基本的活动之一，对美的追求是人类的一种永恒追求。人类对世界的改造，也总是按美的规律来进行的，而且这种改造活动总是从不自觉走向自觉的。英语教学课堂，实际上也是一种人们改造世界的实践活动。教师通过传授英语知识，使学生们从对英语一无所知，到初步掌握，再到会灵活运用，最终达到用之于社会、改造社会的目的。这种实践活动是一种漫长而又艰苦的过程，经常伴随着失望与挫折。若再加上英语教学课堂的枯燥无味，师生不善于发现英语语言与言语中的美的规律，英语的教与学势必成为为教而教、为学而学的负累。

审美主体，指审美行为的承担者，它是精神活动、情感活动、自由生命活动的主体；审美客体，就是具有审美价值，能满足主体审美需要的客体。在英语教学中，教师与学生互为审美主客体，英语作为课堂上的目的性语言成为师生共同的审美客体。在课堂上，若教师把一堂课讲得生动有趣、酣畅淋漓，不仅达到了教学目的，完成了教学要求，还让学生欣赏到了教师的讲课风采，领略了英语本身的魅力，激发了对英语的兴趣，那么，我们就可以说这位教师真正懂得讲课艺术，而且也理解英语教学中美的规律。同样，若学生很

快领会教师的意图，与教师积极认真配合，对课堂美的气氛起一种推波助澜的作用，则此时教师就可作为审美主体来欣赏学生在学习和运用语言时所发挥出的创造力的美。

当我们说某物是美的，这就意味着我们对该物抱有一种肯定性的态度和情感，而这种态度和情感则是同该物对我们的身心有一种能引起愉悦感的作用相联系的。英语，作为英语课堂上师生共同的审美客体，自然有它本身的合目的性和合规律性。首先，随着全球经济一体化的加速发展，作为公认的、共同的语言交际工具的英语受到各国广泛重视，各种频繁的文化、技术交流要求人们在尽量不使用翻译的情况下能直接熟练地运用英语进行对话、谈判、信函等往来。因而英语对于我国大学生来说，已成为将来进入社会的必备的谋生手段之一。所以，英语是符合社会发展需要、满足广大青年学生参与改造社会的愿望的，它是“合目的性”的。其次，美学中的“合规律性”是指事物属性因素的有规律组合，如整齐一律、调和对比、均衡对称、比例匀称、节奏韵律等。熟悉语言学的都知道英语语言学包括音韵学、音位学、语义学、修辞学等，专门研究英语语音的韵律、词形转换的均衡对称、语法的整齐一律、修辞的多样统一等。这一切表明英语有其内在的规律性。所以说，英语是符合美学规范的，关键在于我们要透过表象抓住其潜藏的美的规律。

2. 学习话语，培养审美兴趣

形象、生动、凝练、富于音乐性是文学话语的普遍特点。人们一般把话语分为普通话语和文学话语。普通话语是外指的，即指向语言符号以外的世界，普通话语必须符合生活逻辑，经得起客观真理的检验。而文学话语是内指的，即指向文本中的艺术世界，有时它可不必完全符合生活逻辑，只要与整个艺术世界氛围相统一就可以了。杜甫的“感时花溅泪，恨别鸟惊心”明显地违背了现实生活逻辑，也正因为这样才成为千古佳句。培养审美兴趣就是要深入体会这些内指话语的蕴涵性，尽量把握住心理内涵。

3. 交际教学法中美学的存在

人类的审美需要，本质上是一种“乐生”的需要，而所谓“审美活动”，实际上就是一种人通过自身的生命活动而获得快乐的活动。“乐教”之所以被古代教育家特别重视，是因为它不是一种强制性的教育手段，而是一种寓教于乐的、以心灵感化为特征的教育方式。

纵观西方英语教学史，在历经语法—翻译法、直接法、听说法等后，交际教学法一直受到普遍关注，近年来在我国此种教学法也颇流行。交际教学法要求教师知道学习者的需要和兴趣，而且能设想出各种方法去利用这种了解选择语言输入，创造比较现实的练习语言的活动。教师应该比较灵活，能够成功地组织以教师为中心的、有控制的第二语言形式教学，又能组织比较自由的、控制不严格的练习提高学生的流利程度，还能够创造良好的、互相配合的课堂气氛。

在采用交际法进行英语教学时，若再有意识地应用美学思想，正确地引导学生发现英语的美，那么学生们在学习的过程中会获得更多的轻松与愉悦。这也符合自然教学法中的“情感筛选”原则：情感筛选严格的学习者没有学习动力，使用第二语言时感到紧张与尴尬，所以能够习得的语言输入是很少的；有信心的、热情的学习者，情感筛选不太严格，他们会去寻求尽可能多的语言输入，而且其中大部分会被吸收。

（二）英语教学与美学在实践中结合的尝试

1. 听力训练中欣赏语音美

听力在学习语言过程中是极其重要的。按乔姆斯基的普遍语法说，人类先天就有对语言的感应。那么这种感应在后天 90%是通过听来验证的。小孩子在蒙昧中听周围的说话声便学会了说某种语言，因而听力在学习英语中的重要性可想而知。我国学生在学英语时听力条件非常薄弱，没有足够地道的英语电视、广播，没有足够多的外籍教师。因而只能因陋就简，在两星期一次的听力课上引导学生领略纯正英语的音律美。英语不像中国的方块字，读起来字字铿锵，掷地有声。它是一种流线型的文字，高低起伏，似绵延丘陵，又似潺潺小溪，里面的重音及升降调，时时似峰回路转，又激起千层浪。再加上连读、爆破、弱音等各种语音形式，使得英语听起来颇有余音绕梁，韵味无穷的美妙。绝大多数学生都是为听而听，为了考试过关只求做题准确，非常疲劳。这时，应遵循美学原理中人类“乐生”“乐教”的审美原则，耐心指导学生，放松心情，揣摩英语特有的韵律，而不盲求准确率与速度，并推荐其他教材。细细品味、体验，并且教学生用听写方式记录下磁带内容，标出音调变化，以求精听中的理解与正确。然后，让学生模仿纯正流利的语音语调，读出节奏，读出高低起伏，因而达到在听力训练中愉悦地吸收英语语音美的目的。

2. 在课文讲解中展示英语的意蕴美

在美学原理中，主体审美尺度里的形式意蕴尺度指根源于人的社会文化心理结构和作为社会生命体的活动规律，它侧重于形式所蕴含的社会意义。这也正是给学生讲解精泛读课文时的重点所在。因为学习一种语言，不仅要学它的词汇、读音、语法，更重要的是学习语言形式所承载的社会文化信息，欣赏它展示给学习者的意蕴美。意蕴是指文本所蕴含的思想、情感等更深层次的东西，它所表现的内容可以归根于历史、现实社会或哲学范畴。

第二节 高校英语教学模式改革

一、高校英语教学模式改革的方向与趋势

（一）重视确立新型的高校英语教学模式

由于计算机、多媒体和互联网的普及，可获得的教学资源越来越丰富，现代信息技术应用在教育和教学领域的重要性日益为人们认识。目前，随着多媒体和互联网技术的迅猛发展，建构主义的学习理论与教学理论在西方日渐风行。建构主义学习理论主张以学生为中心，强调学生是信息加工的主体，是知识意义的主动建构者；认为知识不是由教师灌输的，而是由学习者在一定的情境下通过协作、讨论、交流、互助等学习方式，并借助必要的信息资源由学习者主动建构的。在建构主义学习环境下，"探索式"、"发现式"与"合作式"的学习过程是学生掌握学科内容的基本途径，也是以学生为中心教学模式中的基本教学形式。

（二）重视高校英语教材体系的研究和开发

教材是实现英语课程教学目标的重要材料和手段。教材为学生提供的语言材料是学生学习语言知识和发展语言技能的重要来源，教材中的语言实践活动和练习是学习语言知识与发展语言技能的重要过程和途径。选择和使用合适的教材是完成教学内容和实现教学目标的前提条件，高水平、高质量的教材对教师、学生、教学过程和教学结果都起到积极的作用。

目前，随着高校英语教学改革的深入和推进，高校英语教材体系也发生了翻天覆地的变化。英语教材在内容和形式上更新颖、更先进，而丰富多样的英语教材在推动大学英语课程改革方面发挥了重要作用。与此同时，英语教育界的学者和一线教师对教材的认识也发生了显著的变化。在高校英语改革的过程中，对教材研究重视和感兴趣的学者与教师越来越多。很多高校还通过与相关出版社合作的形式，共同完成对新教材的编写和出版工作。

高校英语教学改革使得教材格局逐步向开放和自由的方向发展，教师和学校在教材的编写、选择、使用等方面拥有更多的自主权。新的教材制度和格局对广大英语教师和英语

教学研究者来说既是机遇又是挑战。为了把握机遇，应对挑战，各大高校应该积极开展有关英语教材的编写、评价、选择和使用等方面的理论和实践研究，挖掘自身潜力，为将来能够在英语教材的编写、选择、使用的过程中发挥应有的作用而创造条件。

（三）注重改革和完善高校英语测试与评价体系

高校英语教学改革在英语教学理念、课程设置、课程教材、教学方法、教学手段等方面深入进行的同时，很多高校认识到对高校英语测试和教学评价方式的改革也势在必行。高校英语测试与评价体系的配套改革问题，对整个高校英语改革的成败有重要影响。

从高校英语教学整个过程看，健全和完善的高校英语测试和评价体系应该包括起始性、形成性和终结性评价。但是，传统的高校英语教学中往往只关注和普遍接受终结性评价所传递的信息，而这种信息却往往远离教学的实际情况，不能全面而客观地反映教学中存在的问题。目前，很多高校已经意识到终结性评价的不完整性，如忽视学生的学习过程以及他们日常的学习行为表现。由于终结性评价方式是以考试成绩作为最终评价标准，这无疑在某种程度上强化了分数的作用，使得相当一部分学生学习英语的动机和目的就是升学或考试。这种工具型的学习动机，显然不易激发学生学习英语的积极性和持久性。同时，这种评价体制也极大地挫伤和遏制了英语教师对语言教学内容和方式进行改革和探索的积极性、能动性和创造性。

很多高校由此认识到，除非改变高校英语测试和教学评价的方式，否则就不可能根本改变教学的方法与过程。为了适应高校英语教学改革的需要，不少高校专门成立了测试团队，负责对本校的高校英语测试和评价体系的改革工作。

（四）重视高校英语师资队伍的建设

教师是教育教学改革的重要媒介，是改革成败的关键因素。优秀的英语教师是英语学习环境下培养优质英语人才的根本条件。有了好的教师，课程可以改革，教材可以更新，教法可以调整，学生可以快速进步。没有合格的教师，先进的教学理念也会在执行中走形，精品教材也会成为应试的工具，学生的学习兴趣和动力无法保持，最终成为应试教育的牺牲品。教师在教学中的重要作用，是由教学的本质决定的。

在目前高校英语教学改革的过程中，全国各大高校日益重视对英语师资队伍的建设。在聘任制体制下，各高校更加重视候选人的专业功底，而不仅仅关注教学能力和教学技能。同时，也非常重视考查教师的研究能力和团队合作精神，这有利于组建一支高效的教学与科研能力俱佳的师资队伍。在教师管理方面，更加重视对教师教学与科研条件的保障工作和目标验收，注重教师培训和学术交流，不断扩大教师的学术视野，了解学科发展前沿。此外，还积极鼓励教师申请研究课题，加入由科研骨干牵头的、高水平的研究团队，帮助教师进入各自专业的学术研究主流。

（五）高校英语教学的个性化和特色化日益凸显

传统的高校英语教学已经无法满足新的人才培养目标的需要，因此必须进行改革。在高校英语教学改革过程中，很多高校在注重保持原来高校英语教学优良传统的同时，也在努力进行大胆的探索与革新，敢于形成新的特色与优势，以适应培养新型的既精通专业又能熟练运用英语的复合型国际人才。很多高校明确提出高校英语教学要朝着个性化和特色化的方向发展，这是和各个高校各不相同的高等教育人才培养目标紧密相关的。

二、高校英语教学模式改革的可选择策略

（一）以教师为中心的教学模式

以教师为中心的教学模式具有一些显著的特点，在这一教学模式中教师是知识的传授者，是主动的施教者，并且监控整个教学活动的进程；学生是知识传授对象，是外部刺激的被动接受者；教学媒体是辅助教师教的演示工具；教材是学生的唯一学习内容，是学生知识的主要来源。

这种模式的优点是有利于教师主导作用的发挥，便于教师组织、监控整个教学活动进程，便于师生之间的情感交流，因而有利于系统的科学知识的传授，并能充分考虑情感因素在学习过程中的重要作用。其严重弊病则是：完全由教师主宰课堂，忽视学生的学习主体作用，不利于培养具有创新思维和创新能力的人才。可以说，这种模式培养出的绝大部分是知识应用型人才而非创造型人才。

（二）以学生为中心的教学模式

以学生为中心的教学模式是以建构主义理念为基础发展起来的。进入 20 世纪 90 年代以后，随着计算机、多媒体和网络技术的日益普及，这一模式得到迅速推广。以学生为中心的教学模式具有以下特点：学生是信息加工的主体，是知识意义的主动建构者；教师是课堂教学的组织者、指导者，是学生建构意义的帮助者、促进者；教学媒体是促进学生自主学习的认知工具；教材不是学生的主要学习内容，通过自主学习学生主要从其他途径获取大量知识。

在建构主义理念下，学习是以学生为中心的学习，学习的主要目的是满足自身求知的需要，学习者用发现法、探索法等方法进行学习。学习者在整个学习过程中扮演重要的角色，处于主体地位，而教师在整个学习活动中处于从属地位，起辅导、引导、支撑、激励的作用。同时，建构主义的学习观把学习看作社会性、真实性的学习，学习者如遇到疑难问题或有感到迷惑不解的问题，可与其他学习者讨论解决，也可通过请教教师解决，在整个学习过程中学生都处于与他人的密切联系之中。建构主义理念下的学习重视学习目标的指引和建构，提倡累积性的学习。学习者自己设定学习目标，在既定的学习目标的指引下将当前的学习内容与先前的学习内容相联系进行学习，并在对新信息加工的同时将其与其他信息相联系，在保持简单信息的同时理解更复杂的信息。只有当既定的学习目标得到实现或形成时，学习者的学习行为才被认为是成功的。

第三节 高校英语教学模式与课程建设

一、高校英语口语课程建设

（一）高校英语口语教学目标

1. 高校英语口语能力的构成

跨文化口头交际能力由两部分组成，即交际能力和跨文化能力。交际能力包括语言能力、语用能力和策略能力。语言能力由语法能力和语篇能力构成。语法能力指交际者在句子层面表现出的语言水平，而语篇能力指的是交际者在篇章层面上显示出的语言水平。语用能力包括实施语言功能的能力和社会文化语言能力。策略能力由补偿能力和协商能力构成。而跨文化能力有三个组成部分，即对文化差异的敏感性、对文化差异的宽容性和处理文化差异的灵活性。

2. 高校英语口语自主学习能力的培养

教学模式改革成功的一个重要标志，就是学生个性化学习方法的形成和学生自主学习能力的发展。新教学模式应能使学生自主选择适合自己需要的课程进行学习，注重培养语言运用能力和自主学习能力。高校英语口语作为公共课，很多时候得让位于学生的专业课，由于总的课时量限制，每周两节口语课很难保证学生口语能力达到口语教学目标，更不用说培养跨文化口头交际能力，因此，高校英语口语教学应重视口语学习策略和学生口语自主学习能力的培养。具体地讲，高校英语口语自主学习能力是指学生理解口语教学目标和教学方法，能够确立自己的口语学习目标，能够选择合适的口语学习策略，能够监控自己的口语学习，能够评价自己的口语学习结果。在口语学习过程中，学生能够主动创造环境进行口语训练，有意识地克服口语练习过程中常见的不足。

（二）高校英语口语教学模式与评价方法

1. 高校英语口语教学模式

（1）从控制练习过渡到自由会话的模式

会话必须是思想、信息、感情的有意义的口头交流。会话绝不是单音、词汇、短语、句子的一种组合游戏或简单的重复，正如句型操练并不是会话一样。在会话课上，一种活动是教师主宰一切，学生从课本或录音中吸取语言，并在教师的指导下重复这些语言或进行操练；另一种活动则是由学生利用自己已掌握的语言表达思想，在教室里和同学自由地进行会话。无论训练怎样简单的口语项目，最终都可以，也应该和“交际”联系在一起。在口语教学中，一些教师往往偏重机械性的训练，忽略给学生创造自由会话的机会，这不利于学生自由会话能力的培养。对于初级口语学习者，教师可多一些控制性练习，少一些自由会话。

（2）投入—运用—学习模式

口语活动非常典型地遵循了同样的模式：投入—运用—学习，即教师使学生对一个话题产生兴趣，然后让学生完成任务，教师通过观察发现学生在完成任务中存在的问题，最后让学生学习。教师认为有问题的地方在口语课堂上，应该有明确的任务，原因在于：①口语任务给学生提供练习的机会，使学生得到用英语进行交际的真实感受；②口语任务给学生和教师提供了信息反馈；③口语任务的趣味性有助于激发学生的投入，消除焦虑感。不管是口语教学内容还是口语教学活动，都应注意多样性和趣味性，每一次口语课应该有新的话题，或同一话题的不同角度，口语活动模式如会话、分组讨论、讲故事、角色扮演、看图说话、问答等，应交替使用。

2. 高校英语口语评价方式

（1）形成性评价

形成性评价强调学习的过程，旨在保证教学目标更好地实现。除了评价技能、知识等要素外，这种方式更适合评价态度、兴趣、策略、合作精神等不可量化的因素，评价结果多为等级加评语的形式。形成性评价通常在友好、非正式、开放、宽松的环境中进行，该评价手段是一种低焦虑的新型学习模式。形成性评估突出课程评价的公正性、多样性和综合性，多元化的评价方法不仅可以有效保证课堂教学效果，而且也可以充分调动学生开口说英语的主动性和积极性。

（2）终结性评价

终结性评价主要指高校英语口语期末口试，期末口试可采用交际法口语测试。在交际法口语测试模式下设计的测试任务应该具有目的性、趣味性和启发性，对口语教学有积极的反拨作用。交际法口语测试以互动性为重要特征，输出在某种程度上应具有不可预测性，应该提供真实的环境以及信息加工过程应在真实的时间中进行。

（三）高校英语口语课程建设中要注意的问题

1. 高校英语口语课程设置和教材问题

口语教材是口语课程建设的重要组成部分，选择和使用合适的教材是完成教学内容和实现教学目标的重要前提条件。固定的教材可以给学生提供一定的素材，便于积累，也便于教师教学。口语教学中使用固定的教材，可以保证教学的系统和完整，但如果选用的教材过于偏重机械性操练，一味让学生跟读背诵，教师上课只是照本宣科，则难免枯燥乏味。

那么，怎样评价口语教材是否合适呢？有系统的教材评价分为内部评价和外部评价。教材的内部评价包括以下几个方面：①评价教材的教学指导思想。这里的教学思想包括对语言的认识，对语言学习的认识及对语言教学的认识。②评价教材采用的教学方法。俗话说，教无定法。英语教学方法没有绝对正确的和错误的。在当前，普遍强调以学生为主体的教学方法、强调培养交际能力的教学方法、强调任务式学习的教学方法。③评价教材内容的选择和安排教学内容的最根本依据应该是教材使用对象的需要。④评价教材的组成部分。现代的英语教材是由学生用书、教师用书、录像带、多媒体光盘等组成的立体教材。⑤评价教材的设计中包括教材的媒介形式、篇幅长短、版面安排、开本大小、图文形式和色彩等。⑥评价教材中语言素材的真实性和地道性。教材涉及的语言现象应该是真实、地道的。教材的外部评价则包括：教材是否符合学生的学习需要；教材是否符合教师的教学需要；教材是否符合课程标准的要求。

2. 高校英语口语教学中的教师角色问题

（1）组织设计者

充分利用多媒体和网络的作用，通过课堂活动的有效设计把学生纳入口语教学活动中。

（2）评论诊断者

教师了解并研究语言学习者的个人差异，敏感地捕捉到学生在各个阶段所碰到的困难和问题，做出及时的评论和诊断，进而设计新的教学手段予以解决。

（3）中介者

一是语言技能和学生之间的中介；二是学习者之间的中介。

（4）控制者

监控和管理学生活动，纠正学生学习中的偏差。

口语教师要胜任以上角色，需要提高自己的口语能力和口语教学能力。教师本身的口语能力包括课堂口语能力和口语实际交际能力。口语教学能力涉及教师对各种口语教学理论和方法的熟悉，对不同教学方法的适应性和有效性的了解，以及在课堂上灵活使用不同口语教学方法的能力。总之，口语教师首先应有良好的口语表达能力，其次应有良好的课堂组织能力，还应在课堂上有激情和耐心，以培养学生开口的欲望。在具体的操作中，每位教师都应发挥自己所长，结合课本与学生的实际情况，设计出有益于加强学生语言能力的课堂教学活动。口语教师应该明确一堂课的训练任务，选择口语活动的方式，讲解练习的要点，确保学生积极参加活动并有足够的练习机会。

3. 口语教学中思维能力的培养问题

第一，设计的口语活动一定要对学生的思维水平具有挑战性，既有训练语言技能的要求，也有培养思维能力的要求，应该让学生表达对某些有争议性的问题的看法，最好让他们从全新的角度进行考虑，以扩展其思路。

第二，设计培养归纳和抽象能力的活动。

第三，设计培养辩证逻辑思维的活动能力。

第四，设计出培养创造性思维能力的活动。学生要表达自己的思想，归根结底是必须提高语言能力。口语教学的形式可以多样，但语言的积累和运用，还有待于个体的自觉和参与。如果认为随便说说就能提高口语的话，是很难取得进步的。提高口语是一个不断积累，反复练习，反复使用的过程。

高校英语口语课程建设除了关注教学目标、教学理论、教学模式、评估方式外，高校英语口语教材和师资队伍建设也不容忽视。好的口语教材为教师课堂教学和学生课外学习提供参考，能够培养学生的口头交际能力。口语教师是高校英语口语课程建设能否成功的关键所在，在口语教学大纲设计、口语教材的选择和灵活使用、口语课堂活动的组织和实施、口语评估等方面起着十分关键的作用。

二、高校英语教材建设

（一）高校英语校本教材开发

1. 校本教材是大学英语课程建设的需要

无论是主要基于计算机的听说课程，还是主要基于课堂教学的课程，其设置都要充分体现个性化，考虑不同起点的学生，即既要照顾起点较低的学生，又要给基础较好的学生创造发展的空间；既能使学生打下扎实的语言基础，又要培养他们较强的实际应用能力，尤其是听说写的能力；既要保证学生在整个大学期间的英语语言水平稳步提高，又要有利于学生个性化的学习，以满足他们各自不同的专业发展需要。

2. 高校英语校本教材开发的层次

（1）高校英语必修课教材开发

一般院校高校英语只设一门课程，把听、说、读、写所有内容放在一起，按照一定的课时分配授课，期末再按照听力、口语、读写的比例折合成一个分数，这样的课程设置不利于提高学生的听说能力，因为听和说占的比例较少，一般不会超过 30%，读、写能力强的学生，听、说差一点也能过关。所以，要提高非英语专业学生的语言应用能力，尤其是口头交际能力，必须独立设置《高校英语听说》或《高校英语口语》。

（2）高校英语选修课教材开发

对不少高校来说，高校英语选修课还是近几年的事情。由于教材的编写与出版需要一定的周期，所以，不少高校英语选修课目前使用了英语专业的教材。由此可以看出高校英语选修课教材开发的市场潜力很大。学校的办学特色、专业差异、学生差异等决定了校与校之间的选修课设置既有普遍性，也有独特性，即每所学校除了开设《英文电影赏析》《中级口译》《实用英语写作》这样大家都可能开设的选修课外，还可能开设一些适合于本校学生专业特色，其他学校不会开设的选修课，规划教材建设时，如果没有充足的教师资源和教材建设资源，应首先考虑开发特色课程的教材，为学校的特色人才培养创造条件。

（3）专业英语和双语课程教材开发

目前，一般学校把专业英语或双语课程放在二级学院，学校对它们的课程教学大纲、学分和学时、授课方式、考核方式不进行统一的规定，由二级学院自己安排。从长远建设来看，应该改变这种状况，把所有的专业英语和双语课程归由学校统一管理，纳入大学课程体系中。目前，高校英语教师多半只能以参与者的身份参加这些专业英语或双语课程的教材建设。随着经济全球化和区域化的不断深入，世界各国和地区间的经济联系日益加强，越来越广泛地纳入国际经济发展的轨道。社会对各类人才的英语要求也越来越高，各学院在逐步加大专业英语和双语课程建设。

（4）高校英语辅助性教材开发

非英语专业学生面大，人数众多，来自全国不同的地方，英语水平差异很大。高校英语必修课的教材不可能满足所有学生的学习需求。同时，由于高校英语各类证书考试、资格考试、水平考试的客观存在和社会对毕业生持证的要求，学生不得不一次次报名参加考试。为了照顾学生的个性化学习，尽可能给学生创造自主学习的机会，使他们既掌握语言知识，又增强应试能力，每个学校都应努力开发这类高校英语辅助性教材。只是各校在开发此类教材时，要编出自己的特色，要往形成规模效应和品牌效应方向发展。

（二）高校英语教材的编写原则

1. 人本性

作为教材编写指导原则之一的人本性，它有别于拟定编写大纲、划定选材范围、确定练习形式这些具体编写流程。它的着眼点在教材的服务对象：在教材的编写过程中，要随时确保使用这套教材的学生和教师利益的最大化。比如，教材的定价多少？定价是否合理？装帧是否既美观又耐用等？

2. 真实性

教材编写时，本着词汇控制法原则与结构控制法原则，对课文的原文材料进行处理，即先对原材料进行删减，使其长度和难度适合教材，再对原文材料进行修改，如把难句改写得简单一点，对难词用较简单的同义词或近义词来替换，使之不要超纲。应当看到这样一个事实，现在有许多读完了高校英语教程、通过了国家四级统考的学生，在阅读英语报刊、书籍、文件时，仍存在相当大的困难。他们反映所读的文章生词量大，结构难，毕业后读到的语言和以前书本上学到的语言好像不一样。原因就是他们从课文中学习的语言不少是经过调整或修改过的，难句已改写，长句已缩短，大词已替换，非正规的表达法已改为正规的表达法，这种语言和外部世界的真实的语言当然有明显的区别。

3. 多样性

第一，文章题材多样化，社会生活的方方面面都要涉及。当今世界，科学技术发展迅猛，全球经济一体化趋势更为明显，综合国力竞争日趋激烈。置身于这个迅速发展的社会，学生也有获取各种信息、接触各类题材的愿望，因为接触对外政策、法律、宗教、文化、教育、文艺体育、科技、能源交通、环境保护、城市建设、市场经济、金融外贸、旅游、医疗卫生、民族政策、家庭婚姻、青少年问题等题材的信息本身也是提高学生认知能力和增加词汇量的有效手段。

第二，体裁多样化。以说明文为主，叙述文、描述文、议论文都要有一定的体现。

第三，语域多样化，学术文体、新闻报道、典雅美文、戏剧小说都应该有一点，尤其是口语体的文章，历来为我国高校英语教材忽视，应该引起重视。

三、大学英语课程资源建设

（一）课程资源的内涵及其分类

课程资源是相对于课程的一个概念。课程是按照一定的教育目的，在教育者有计划、有组织的指导下，受教育者与教育情境相互作用而获得有益于身心发展的全部内容。提到课程资源，人们会联想到学习资源、教学资源和教育资源。学习资源是指在教学系统和学习系统中，学习者在学习过程中可以利用的一切显现的或潜隐的条件。教学资源是为教学的有效开展提供的素材等各种可被利用的条件，通常包括教材、案例、影视、图片、课件等，也包括教师资源、教具、基础设施等，广义也应该涉及到教育政策等内容。教育资源是人类社会资源之一，它包括自有教育活动和教育历史以来，在长期的文明进化和教育实践中所创造和积累的教育经验、教育知识、教育技能、教育资产、教育费用、教育品牌、教育制度、教育理念、教育人格、教育设施以及教育领域内外人际关系的总和。

可以把大学英语课程资源定义为：大学英语这门课程设计、实施、检查、评价等整个课程编制过程中可资利用的、富有教育价值的人力、物力和自然资源的总和，包括教材以及学校、家庭和社会中所有有助于提高学生素质的各种资源。

按照空间标准分类的校内课程资源指学校内部的课程资源，如图书馆、自主学习中心这样的场所和设施资源，教师、学生、校园文明建设这样的人文资源，第二课堂活动、座谈讨论这些与教学活动密切相关的活动资源。校外课程资源主要指学生家庭、社区乃至整个社会中能够用于教育教学活动的设施和条件，以及丰富的自然资源。校内课程资源是课程资源开发和利用的基础，是校外课程资源开发和利用的先决条件。校内和校外课程资源这种课程资源二分法随着互联网的出现遇到了问题。那些海量的网络信息既不能归为校内课程资源，也无法划归为校外课程资源，它跨两大类，只好将它单列于此。

按照存在形式划分的显性课程资源指那些看得见、摸得着的课程资源，如高校英语教学光盘、图书馆、语音实验室；隐性课程资源是指以潜在的方式服务于教育教学活动的课程教学资源，如奋发向上的和谐学习氛围、校风校纪等。显性课程资源容易开发和利用，对教育教学活动的影响很直接，而隐性课程资源的开发和利用需要一定的周期和付出较多的时间、精力，对教育教学活动的影响也较为间接。

按照属性划分，课程资源首先分为物质的课程资源和非物质的课程资源两大类。物质的课程资源包括人力课程资源和物力课程资源，非物质的课程资源分为知识课程资源和思想课程资源。思想课程资源指一切可能参与教育教学活动中，影响课程活动的各类人员所具有的全部思想；知识课程资源指在设计课程时，可供选择的知识总数。

按照功能划分的素材性资源包括知识、技能、经验、活动方式与方法、情感态度和价值观以及培养目标等方面的因素，而条件性资源则包括直接决定课程实施范围和水平的人力、物力和财力，时间、场地、媒介、设施和环境以及对于课程的认识状况等因素。

（二）大学英语课程资源建设的意义

1. 有利于促进教师教育观念的更新

广义的课程资源概念带来了全新的课程理念，教材不再是整个教学活动的中心，教师对学生的评价也不再以学生是否掌握了书本内容为准，而是基于整个教学活动的课程目标完成情况。全新的教学模式和评价标准不管对教师还是学生都是一种挑战。对教师而言，整个教学设计过程和实施都围绕教学活动是否有助于课程目标的完成，除了关注是否完成了教材上的教学内容外，更要思考如何高效开发大学英语课程资源，培养学生的自主学习能力，引导学生完成课程目标。

2. 有利于教师专业成长

接受新课程资源观熏陶的高校英语教师，不会再日复一日地重复使用相同的教材、教案和教学课件，他们会紧跟时代发展的要求，更新自己的知识结构，不断加强对教学内容、教学活动设计、课堂组织模式、课堂评价方式等进行反思，以改进自己的教学方法。大学英语课程教学资源的不断丰富，使得学生的自主学习成为可能，兴趣和爱好驱动着他们对教材进行深度加工的同时，不断拓宽自己的知识面，利用各种方法将课堂上所学到的知识应用于实践之中，使得自己的英语语言应用能力得到迅速提高。同时，学生高校英语学习的成功迫使教师加大投入，去深挖教材，研究语言学习规律，强化语言教学策略，以提升自己的综合素质，更好地服务于教学。

3. 有利于提高学生的综合素质

传统的高校英语教材旨在帮助学生加强英语基本功建设，不管是文章的体裁、选材的主题、选材的长度，还是课文的难度都是面向大众化学生，不会关注学校与学校间学生的英语水平差异、同一学校间学生的专业差异、学生个体的学习需求等因素。丰富的、个性化的课程资源的开发和利用不但是对原有教材内容的补充，也构成了第二课堂，与第一课堂开展联动，形成了较好的学习氛围，拓宽了学生视野，激发了学生的学习兴趣，最终促进学生思想、品德、行为、知识、能力和人格等的全面发展。

4. 有利于大学英语课程开发

大学英语课程资源种类繁多，形式多样，开发和利用的过程中必须进行有序化管理，系统的大学英语课程资源建设工作量大，不是一两天就能完成的，短则几个星期，长则一两年。因此，需要分工协作。由于该项工作能推进高校英语教师的专业化发展，教师们的付出不但能提高教学质量，随着时间的推移，还会产生浓厚的兴趣，不断地去深化这项工作，最终积累的资料越来越多，到一定程度，这些课程资源经过整理、加工、补充和完善，就形成了一门新的公共选修课程的雏形。

5. 有利于培养学生自主学习能力

大学英语课程资源的开发与利用，主要以课程目标的达成为根本出发点，以学生身心的完整和谐发展为终极目的。传统的教学将学生局限在课堂这一特定的场所，课程资源以教材为主，没有充分唤起学生的学习积极性、主动性和创造性。在新课程资源观下的高校英语学习模式中，学生学习的时空范围得以扩展，可随意选择丰富多彩、形声俱备、图文并茂的课程资源。学生成了学习的主体，他们自己决定英语学习的内容、时间、场所、进度、节奏以及学习质量的监控。

6. 有利于形成性评估的实施

检查课程建设是否达到预期目标需要依靠评估。因此，对课程进行全面、客观、科学和准确的评估对实现课程目标至关重要。它既是教师获取教学反馈信息、改进教学管理、保证教学质量的重要依据，又是学生调整学习策略、改进学习方法、提高学习效率的有效手段。新的大学英语课程资源观不但改变了学生的学习模式，还更新了高校英语教师和相关管理部门的教育观念，通过课堂活动和课外活动记录、网上自学记录、学习档案记录、访谈和座谈等形式确保了对学生学习过程进行观察、评估和监督，为实施形成性评估打下了坚实的基础。

（三）大学英语课程资源建设的策略

1. 学生取向的课程资源建设策略

（1）关注学生的“知识类资源”

教学实践证明要基于学生实际水平开展教学，强调学生现有水平在知识摄取中的作用。教师设计的教学目标、选择的教学内容、安排的教学活动、实施的教学方法、采取的教学评估手段都要以学生的真实水平为基础，采用适当拔高的原则，确保能让学生努力就会实现学习目标，而不是一次次令学生遭受失去学习英语兴趣的挫折。为了辅助这样的教学，教师就得开发出相应的课程教学资源，帮助学生构建和完善自己的知识体系。

（2）关注学生的“情绪类资源”

学生的情绪类资源是学生学习的动力系统，主要包括学生学习的兴趣、爱好、动机、态度、信心、情感、焦虑、个性、习惯等。这些非智力因素虽然不直接参与知识的认知和建构，但它们对学习活动有着启动、导向、维持和强化作用，极大地影响着学习活动的效果。课程资源建设的目标之一应该让学生在学习过程中体验到成功，增强学生学好英语的信心，激发他们继续学习的积极性。

（3）关注学生的“问题类资源”

教学以学生获取知识和技能为目的，在实现这一目的的过程中，师生不断重复着“引发问题—提出问题—解决问题—引发新问题—提出新问题—解决新问题”这一循环，那些好奇、求知欲强的学生不但加快了自己积累知识、强化技能的步伐，还通过提问扩大了教师的教学内容，让教师去思考新的教学点，去重新组织教学活动这些问题是课程资源开发的源泉，解决对策是教学经验的积累和创新思维的结晶。问题与解决对策强化了师生互动，加深了师生对文本的深刻理解。

（4）关注学生的“差异类资源”

不管是提倡人们要和谐相处，还是主张学习英语的氛围要融洽，突出的都是一个字：同。但是也不排斥“异”，因为“同”是发展的基础，“异”是发展的动力。学校学生众多，他们的生源地、家庭背景、社会阅历、英语学习的时长等都有较大的差异。为了消除这些差异，学生们相互争论和辩论。在这样的思想交锋过程中，学生丰富和发展了自我，使自己越来越成熟，考虑问题的角度越来越多，也学会了换位思考，增进了融洽相处的技能。

2. 教学过程取向的课程资源建设策略

教学活动是教师根据一定的社会要求和学生身心发展的特点，借助一定的教学条件，指导学生主要通过认识教学内容从而认识客观世界，并在此基础之上发展自身的过程。教学过程是一个特殊的认识过程，也是一个促进学生身心发展的过程。在教学过程中，教师有目的、有计划地引导学生能动地进行认识活动，学生调节自己的志趣和情感，循序渐进地掌握文化科学知识和基本技能，以促进自己智力、体力、品德、审美情趣等方面的综合发展。具体的教学过程包括课前、课中和课后。

课前教师备课时，要充分研究教材，根据教材确定每个课时的教学目标和准备采用的教学模式、评价方式等。在准备过程中，教师不能全凭经验，必须查阅大量的材料，寻找大量的辅助材料，对教材进行扩展，以帮助学生深度理解课文内容。同时，要充分挖掘学生的潜力，发挥学生自主学习的能力，教师还必须增加主题相关、难度适中、阅读性强的扩展材料，供学生在课后学习，拓宽他们的视野。教师精心准备的教学内容是否会被学生接受，接受多少；在教师营造的教学环境里，师生互动、生生互动、学生与教学材料互动的情况如何，这些都是课堂教学生成的动态性课程资源。课后学生要进行大量的语言实践练习，巩固课堂教学内容。

（四）大学英语课程资源建设的原则

1. 以“学生为中心”原则

所有大学英语课程资源的建设都是围绕学生的英语学习动机和兴趣而开展的，为学生创造良好的学习氛围，为学生努力学好英语铺路搭桥。因此，不管是资源建设的决策和规划阶段，还是实施、检查和改进阶段，都要以学生的实际需求为出发点，不但要关注他们的知识类资源，还要关注他们的情绪类资源、问题类资源、错误类资源、差异类资源和兴趣类资源，尽可能让他们成为学习的绝对中心，成为知识意义的主动建构者，确保教材所提供的知识不再是教师传授的内容，而是学生主动建构意义的对象，媒体也不再是帮助教师传授知识的手段与方法，而是用来创设情境、进行协作学习和会话交流，即作为学生主动学习、协作式探索的认知工具。

2. 开放性原则

大学英语课程资源建设是一项长期的、系统的积累工作，随着教学改革的不断深入、社会的不断进步和教师专业化发展，已有的课程资源得到更新，新的课程资源得到添加，确保了课程的正常运转。在资源建设过程中，建设者要以开放的心态对待人类创造的所有文明成果，以开放的目光审视周围的事物。开放性原则包括类型的开放性和空间的开放性。类型的开放性指不管课程资源以什么类型存在，只要有利于教育教学，都可以加以开发利用；空间的开放性指课程资源的地域性差异，不管它们是校内或校外的、国内或国外的，只要能有益于学生知识积累、能力发展、技能提高，都可以加以开发和利用。

3. 前瞻性原则

大学英语课程资源的开发与利用是与学生需求紧密相连的，受现有的课程和现实社会的实际需求推动。但从发展的角度来看，课程资源建设还要与未来社会的发展联系起来。只有这样，才能够帮助学生更好地把握未来社会的一些发展趋势。因此，建设者要具有前瞻性思维，密切关注社会的发展动态，注意吸收当前重要的、有影响力的、处于科技前沿的一些素材，在此基础上开发出对学生来说真正有用的课程资源，对学生加以引导，让他们逐步接受这些新东西，为学生以后的终身学习与可持续发展打下坚实的基础。

4. 适应性原则

内容丰富、形式多样的网络资源为开发大学英语课程建设提供了便利的同时，也给开发和利用带来了一定的难度。迫使人们思考开发什么、以什么形式开发、开发到什么程度等问题。建设大学英语课程资源的目的是更好地服务于高校英语教学，无论是在内容还是在功能上都要充分考虑教育的需求，要遵循适应性原则，使教师、学生和其他教育工作者能方便及时地获取所需信息，实现资源的利用价值。因此，在筛选资源时，建设者必须了解用户需求，进行需求分析，即结合实际情况，从更加专业的角度对用户提供的需求信息进行科学的分析和表述，确定用户的需求热点和需求方向，做到量身定做或按需供货。适应性原则在高校英语教学中体现为，依据学生语言水平确定语言内容，依据学生年龄特征确定资源形式，依据学生认知基础选择资源范围，依据教学与学习需要确定开发主题。

第四节　高校英语教学模式的创新

一、“现代型教学”模式

（一）教学观的转变

现代教学观是主张以教师为主导、以学生为主体、以就业为导向，实现培养目标和培养规格，并以现代新技术为支撑的教学观点。采用以网络技术为依托的实验手段，依靠计算机、多媒体和远程通信技术，对教学内容、教学组织形式进行彻底变革。利用网络教学、双向教学、远程教学拥有的软件资源，开发学生智力，培养自我学习与探索新知识的能力。

教学、科研和应用有机结合。以现代信息技术为依托，以科研促进教学与应用。开拓新知识，增强科研意识，提高师生的实践创新能力。以研究带动应用。其重点与难点在于探索问题、研究解决问题与成果应用三个环节。前者必须具有应用意识，后者则必须具有相应的实践技能。而这种能力的培养需依靠“现代型教学”。

现代型教学具有时代的开放性，以现代信息技术为依托，将教学、科研和应用有机结合，以教研促科研，以科研带教研和应用，与传统型教学相比具有如下特点。

1. 教学观念的创新性和前瞻性

在教学思想方面现代型教学比较注重知识的专题性、前沿性、开拓性以及对现状的把握和前瞻，以现代信息技术为依托，重点放在实践教学上，以社会需求和培养应用型人才为目标，以创新为目的。

2. 教学内容的互补性和实用性

现代型教学在高校中是将系统教学与专题研究、理论教学与实验教学、研究与应用紧密结合，教学内容的选取是以社会需求为目标、以技术应用能力的培养为主线，突出实用性，重在培养学生独立发现问题、解决问题的思维和实际操作能力。

3. 教学方法的直观性和科学性

现代型教学不仅利用传统的挂图、模型、幻灯、投影仪等教具，还充分利用现代科学技术手段，充分利用网络、多媒体，综合了计算机、图形、图像处理、电子技术、影视艺术、音乐美术、教育学、心理学、教学法等诸多学科与技术，集文字、图形、图像、声音、视频、影像、动画等各种信息于一体，使抽象、深奥的信息知识简单化、直观化，缩短了客观事物与学生之间的距离，并能充分调动视觉、听觉能力，集中学生的注意力，提高掌握知识的能力。

4. 教学模式的职业定向性

无论是德国的双元制还是我国的习而学的教学模式，或是能力本位的教学模式，现代型的教学都以社会需求为目标，以某一岗位群为目标来组织教学，培养学生的职业能力，因此具有明确的职业定向性。

5. 教学能力的知识性

现代型教学将基础教学与应用教学、传授知识和研究新课题结合起来，并立足于学科的前沿，培养出适应时代的创新人才。

现代型教学要求教师不断更新知识，力求在教学中做到“新、博、独、深、精”，“新”，即用新观念、新思想、新方法，讲授新内容，使学生有耳目一新之感；“博”，即知识渊博，讲授内容广博，信息量大，使学生广学博收；“独”，即用独特的方法，讲授独到的见解，培养学生独立思考、独立研究的能力；“深”，即深入讲授、深入探索、深入研究，有意识地培养学生探索和研究问题的意识以及信息调研的能力；“精”，即精心准备、精心实施、精讲多练，使学生易学、易记、易用。

总之，培养21世纪的高等职业专门人才，需要有全新的思想观念，优化的课程体系和高水平的师资队伍，课堂教学要以社会需求为目标。我们每一位从事高校教育的教师，都必须以提高学生的实际应用能力为目标，认清从传统型教学向现代型教学发展的必然性，从教学观念、教学内容、教学方法、教学模式和教师知识结构等方面深入探究现代型教学及其特点。

（二）现代课程观

教学内容和课程体系的改革应遵循以下基本原则：必须反映当今社会的生产力水平及科技新成果，有利于促进生产力发展；要反映人才培养目标和规格需要；要体现近代文化、科技创新；要精选教学内容，因材施教，以利于学生能力的培养与可持续发展。

课程的设置与内容的选取：以社会需求为目标，以应用能力的培养为主线，设计相应的培养方案，构建相应的课程与教学内容，基础理论课程以应用为目的，实践教学应占有较大的比例，着重培养学生的应用能力。

（三）教学方法的转变

由传统方式向互动式转变。传统教学把重点放在“什么是什么”的事实类知识的传授上，学生只能处于被动的地位，并过分依赖于教师的讲授，缺乏对知识结构的深入探讨。互动式教学是以动态问题为主。启发学生主动思考、积极参与，教师的主导作用是知识的引导与教学的组织，并将教师的主导思想，转化为学生自主的学习行动，从而获得好的教学效果。

由封闭式向开放式转变。现代型教学以现代高科技信息技术为依托，将以学校为主的传统封闭式教学转变为开放式教学，通过校园内外的网络开通多媒体教学、空中课堂、网上教学，及时获取新的知识。信息高速公路的实现必将成为最理想的开放式教学手段。

由理论教学向实践教学转变。传统教学着重于课堂教学，并强调理论的系统性和完整性。现代型教学则着重于实践课教学，使学生拥有充分的时间进行实训以掌握技术要领，尽快地提高学生的实践能力。

现代型教学的优点在于采用因材施教的分层次个性化教学手段。由于各大专院校大量扩招，导致在校学生人数多，大课教学目前还普遍存在。在此情况下，协同学习是一种很好的弥补方式，通过课堂讨论学习的方式，使学生之间学会交流、合作、竞争，在此基础上积极创新环境，发现学生个性，分层次、分阶段地实施教学，逐步完成因材施教的个别化教学。

（四）现代型教学的实践模式

在高等教育领域，国际上比较成功的现代型教学实践模式有：德国的双元制教学模式，即企业与学校合作进行职业教育的模式。受训者既是企业的学徒，又是学校的学生，一身二属，故称“双元制”。受训者接受理论课和实训课两门课，理论课与实训课学时之比为 3 比 7，理论课可在学校进行，实训课在企业进行，注重受训者的实践技能、技巧的培训。

另一种是北美较为流行的能力本位的教学模式，是将一般知识、技能、素质与具体职位相结合，以整合能力管理为理论基础，以模块为课程结构的基本特征，以“学”为中心，学习以自主学习的方式来进行。首先对原有的学习能力进行自我认可，确定能力的学习目标，继而进行自学活动，随即在现场进行尝试性能力操作。参照标准进行自我评定，达到全部目标者可获得国家承认的证书和学分。

我国习而学的教学模式。这种模式提倡的是边做边学，理论联系实际，学以致用，以达到学习水平和业务水平相互促进、共同提高的目的，培养出来的人才更能适应工作岗位的要求。

（五）更新教师知识

现代型教学比传统型教学更先进、更进步，其中包括以应用为主的多种形式。要奠定坚实的现代型教学的基础，教师知识的更新是关键。教师要树立继续学习、终身学习的思想。教师不能只满足于现有的知识水平，而应不断学习，更新知识结构，使自己处于学科的前沿。教师还必须承担一些具有创新性的研究课题。通过对课题的研究和探索，加深自己的专业知识，力争成为本学科的学术骨干。教师也应当深入生产实践，走产、学、研相结合的道路，在生产实践中获得足够的经验，力争成为“双师型”教师。

二、高校英语教学模式发展的新趋势

（一）从单一教学模式向多样化教学模式发展

自从近代教育科学的创始人德国教育学家赫尔巴特提出“四段论”教学模式以来，经过其学生的实践和发展逐渐形成了以教师为中心的传统教学模式，这一模式成为20世纪教学模式的主导。之后，杜威打着反传统的旗号，提出了实用主义教学模式。20世纪50年代，有关教学模式的研究一直在“传统”与“反传统”之间来回摆动。50年代以后，由于新的教学思想层出不穷，再加上新的科学技术革命使教学产生了很大的变化，教学模式出现了“百花齐放、百家争鸣”的繁荣局面。

（二）由归纳型向演绎型教学模式发展

归纳型教学模式重视从经验中进行总结和归纳。它的起点是经验，形成思维的过程是归纳。演绎型教学模式指的是从一种科学理论假设出发，推演出一种教学模式，然后用严密的实验来验证其效用。它的起点是理论假设，形成思维的过程是演绎。归纳型教学模式来自教学实践，不免有些不确定性，有些地方还不能自圆其说。而演绎型教学模式有一定的理论基础，形成了较为完备的体系，它更加强调教学模式的科学理论基础。这为我们自觉地运用科学理论为指导，主动设计和建构特定的教学模式以达到预期的教学目的提供了可能。目前，演绎法成为教学模式生成的重要途径。

（三）由以“教”为主向重“学”为主的教学模式发展

传统教学模式都是从教师如何去教这个角度来进行阐述，忽视了学生如何学这个问题。杜威的“反传统”教学模式，使人们认识到学生应当是学习的主体，由此开始了以“学”为主的教学模式的研究。随着建构主义等以学生为中心的教学理论的发展，师生在教学过程中的地位和作用发生了深刻的变化。现代教学模式的发展趋势是重视教学活动中学生的主体性，重视学生对教学的参与，教师要根据教学的需要合理设计“教”与“学”的活动，鼓励和帮助学生实现自主性的、探索性的、创造性的学习。

（四）教学模式的技术手段日益现代化

在当代教学模式的研究中，越来越重视引进现代科学技术的新理论和新成果。新的教学模式非常注重将计算机、多媒体和网络等信息技术运用到教学中，有效地将信息技术与课程进行整合，教学条件的科学含量越来越高，充分利用现有的教学条件对教学模式进行全新的设计。

第五章 高校英语教学评价模式创新

第一节 高校英语教学评价体系的构建与多元化创新

一、高校英语教学评价体系的构建

教学评价是教学中一个重要组成部分，既是教师诊断教学内容、教学进程，改进教学方法以及教学管理，确保教学质量的一项重要依据，又是学生进行学习的自我诊断，调整学习策略，改进学习方法，以及提高自身学习效率的一项有效手段。现今高校英语教学中应实施智能本位的评价方法，利用多元化评价主体、多元化评价内容、多元化评价形式等，根据学生个人英语语言基础及知识水平，进行更为科学合理以及个性化的、分级的学业评价，激发学生的智能强项，并利用智能优势促使智能弱项向强项迁移，真正实现个性化的、凸显个人特色的个人综合发展，并使高校英语教学真正实现其教学目的，保证其教学质量，凸显其教学特色。

在高校英语教学中采用分级的、多元化的学业评价，不仅可让学生真切体会到自己是学习的主人，激发其学习的积极主动性，还可给予学生更多学业评价方面的选择权，有助于其认识自身智能强弱项，发挥个人优势，清楚自身不足，进行有针对性的提升和纠正。

（一）多元化的评价主体

除传统的教师这一评价主体之外，积极鼓励学生参与学业评价，实现教师评价、学生自评、学生互评的主体多元化的学业评价形式。通过参与评价，学生能更为清楚地认识学习目的、目标、自身的不足与优势，及时自我诊断与反思，调整学习策略，提高学习积极性及学习质量。

鼓励学生参与评价，需做好以下几点。首先，告知学生评价的重要性以及学生参与评价的必要性，提高学生参与评价的意识以及责任感。其次，需对学生进行必要的相关指导与培训，帮助学生熟悉评价内容、评价标准，树立以评促学的评价理念，培养认真负责的评价态度。再次，在学生参与评价的过程中，教师应积极发挥引导、监督、鼓励与赞扬等作用，营造认真评价、互相督促、你追我赶的良好评价氛围。最后，培养学生反思以及交流的良好学习习惯，根据评价结果进行学习策略以及方法的及时调整，端正学习态度，真正实现以评促学，让学生在互帮互助中共同进步。

（二）多元化的评价内容

高校英语的评价内容可充分考虑学生的语言基础以及技能的基本情况，根据学生的学习习惯、学习特点，在把握学生学习能力、领悟能力现有水平的前提下，进行有针对性的、多元化的学业评价内容设计，促进学生个性化发展。因学生英语语言能力水平参差不齐，彼此间存在一定差距，可考虑分等级的评价内容。具体说来，即根据学生的英语水平进行学生等级划分，例如分为三级：较高水平、一般水平、较低水平。这样的等级划分可通过入学后的摸底测试实现。

日常教学若能执行分级教学那自然是最理想的，如若不能，则可考虑在学业评价中尝试分级评价。一级即较高水平的评价，内容相对复杂，起评分较高。二、三级则依次在评价内容难度及起评分上进行递减。学生原则上根据自身入学摸底测试等级参与考评，但也鼓励学生根据自身情况，自愿升等级或降等级参与评价。评价内容可包括朗读、对话、演讲、PPT 展示、小组作业、课后作业、学生档案、反思、表演、单词听写、期中期末笔试等。多元化的评价内容不仅可以给学生更多的评价选择，同时也可以让学生拥有更多的机会发展自身智能强项，使强项更强，弱项改善，自然可增强学生的学习自信心及主观能动性。

（三）多元化的评价形式

高校英语的学业评价应采用形成性评价与终结性评价相结合的综合评价形式，同时建议提高形成性评价权重。

通过关注学生学习过程的形成性评价，利用多种评价内容与手段，更容易引起学生的学习兴趣，调动其参与的积极性，激发学生的智能强项发展以及智能弱项的迁移，真正体现“智能本位的评价”原则。

二、高校英语教学评价体系的多元化创新

评价是教学研究与实践中检验教学质量的重要手段，是教学系统的重要组成部分。通过客观、合理、综合的评价，不仅可了解教师课堂教学目标实现的程度，以便教师及时调

整教学行为，改善教学方法及教学设计，提高教学质量；也可了解学生学习目标达成的程度，以便学生了解自己的学习现状，及时调整学习态度，改进学习方法，提高学习效率。科学合理的教学评价应不仅有利于课程发展，还应对促进学生个人发展及教师专业发展起积极作用。

（一）多元智能理论与多元教学评价

多元教学评价的理论基础源于多元智能理论。该理论认为，个体智能大致可分为八类，即言语/语言智能、逻辑/数理智能、视觉/空间关系智能、音乐/节奏智能、身体/运动智能、人际交往智能、自我反省智能、自然观察智能等。这八类智能通过不同方式，不同程度组合在一起，同时又独立存在，构成个体的个性心理结构。个体的智能高低取决于其身处的社会环境、文化环境、个人目标以及自身经历等。衡量个体智能高低与否的标准主要取决于其解决现实生活中问题的能力，以及创造社会所需有效产品的能力的高低。

多元评价理论指出，每个学生都是独立且独特的个体，各有其智能强项，无所谓孰优孰劣。教育的目的在于了解学生个体发展的差异性及不均衡性，发掘学生个体潜能，发展其智能强项，突破其智能弱项，实现学生综合性的、个性化的发展。教学评价不仅应关注课程发展以及学生的学业成绩，还应关注学生情感态度、交流能力、实践能力及创新能力，关注学生个体的全面发展；同时，教学评价还应是教师提升自身专业能力的有效途径。

（二）从多元智能理论的角度分析该课程教学评价指标

1. 教学评价目的多元化

多元文化课程的评价内容、评价手段以及评价主体的多元化，归根结底是为了实现教学评价目的的多元化。例如本学期学习档案。从学生个人发展的角度来说，本学期学习档案有助于学生了解自己本学期的学习情况、进步情况以及差距与不足。学生可利用学习档案加以反思，端正学习情感及态度，调整学习计划及策略，培养自主学习能力；从课程发展的角度来说，可以检验教学设计的合理性，教学内容的实用性，以方便及时调整教学，提高教学效果；从教师专业发展的角度来说，教师可通过学生学习档案反思自己的教学，实现自我专业能力的提高。

2. 教学评价内容多元化

从多元智能理论的角度分析，该课程教学评价内容具有显著的多元化特点，且涉及学生全部八项智能的考评。以印第安文化普及教育演讲/讨论这一考核项为例。学生可选择自己喜爱的相关主题及角度进行演讲或讨论。可讨论印第安文化普及的现状及困境，也可讨论印第安文化普及的方式手段，还可讨论印第安的文化抵抗问题等。教师可根据学生切入角度及手段测评学生除言语/语言智能、逻辑/数理智能之外的其他智能。例如从学生的现场表现及互动考查学生身体/运动智能、人际交往智能；通过学生进行主题解析及展示的过程中所表现出来的数据分析、事实剖析、逻辑推理以及归纳总结等方式能力考核学生的视觉/空间关系智能；通过演讲中的回答问题环节或集体讨论过程考查学生人际交往智能、自我反省智能、自然观察智能等。

3. 教学评价方法及形式多元化

多元智能理论下的多元教学评价提倡教学评价方法的多元化，除了概括性较强的终结性评价之外，还应包括形成性评价以及诊断性评价。多元文化课程教学评价中文化自传、网络作业、影视分析、印第安文化普及教育演讲/讨论、期中考试、学期论文修改/反馈等皆属过程性评价及诊断性评价；课堂表现反思、期末反思、期末考试、本学期学习档案等皆属终结性评价。评价方法及形式的多元化确保教师可较为全面考核学生的各项职能。例如课堂表现反思可促使学生对自己的学习方法、对知识的认知方式以及理解程度、分析问题、解决问题的思维过程等方面的表现以及能力进行自我认识、自我总结、自我评价。该项考核涉及对学生人际交往智能、自我反省智能、自然观察智能等的考评。

4. 教学评价主体多元化

学生的个人发展很大程度上由其主体意识的形成以及主体参与能力的培养这两个重要因素来决定。多元智能理论视角下的多元化教学评价要求教学评价主体多元化，除了教师之外，还应有学生参与，甚至也鼓励家长及其他第三方参与评价。通过师评、自评、互评甚至家长或者其他第三方如企业的他评等手段以确保评价结果的科学性、合理性、客观性。通过让学生成为评价主体，转变其被动接受评价的状态，给予其评价主动权，使其切实认识到自己的优势及不足，看清自己的进步，调动其学习积极性、主动性，促进学生主动学习，以实现学生个人的终身学习及发展。以本学期学习档案为例，教师、家长、学生自己以及其他学生都可以根据学习档案进行师评、自评、互评及他评。

评价方法及形式多样化，评价主体多元化，评价内容亦多种多样，具有非常鲜明的学生个人特色，专注的是学生个人综合素质的提高，以促进课程发展、学生个人发展以及教师的专业发展为最终目标。

（三）多元教学评价体系在高校英语教学中的实践

1. 出勤率/课堂参与度

以课堂参与度为例。学生的课堂表现具体可通过学习态度、提出问题以及回答问题的意识与表现、课堂活动参与的意识与表现、课堂上与他人合作、沟通、交流的情况、课前自学的情况等进行评价。教师除了常用的提出问题鼓励学生逻辑思考并组织语言进行解答，以测评其言语/语言智能以及逻辑/数理智能之外，还可利用多媒体教学手段测评学生的其他智能。

2. 网络作业

网络作业因其网络平台的灵活性及多样性，其作业内容设计亦可多样化，以便更全面地考核学生的各项智能。

3. 小组作业

小组作业重点考评学生的团体协作能力、协调能力、组织能力以及与他人沟通交流的能力等。

4. 影视分析

大学英语课程中的影视分析，旨在从较为独特的角度扩大学生知识面，激发学生语言学习兴趣。学生只要能叙述观看完电影、纪录片或者电视节目之后的内心感触或所受启发等即可。学生可从影片、纪录片或电视节目的整体宏观角度入手进行讨论或评述，也可从细节处入手进行点评拓展，展开讨论，叙述感悟。

5. 跨文化交际演讲/讨论

跨文化交际演讲/讨论考评的主题及具体内容选择面很广，切入的角度也可多种多样，教师应有目的地引导学生挖掘教材内容中隐含的深层文化内涵，了解相关跨文化知识，提高学生对文化的敏感性，促使其形成跨文化意识，激发其了解其他民族及文化的兴趣及动力，以促进其语言学习。促使学生广泛查阅资料，从个性的视角，融入自己对跨文化的分析理解，阐述跨文化交际中的礼仪，或者跨文化交际在职场上的应用等，通过演讲或讨论的方式展现出来。该项考评内容可以根据学生所展示的内容、切入的角度、展示的方法、现场的表现等评价其各项智能。

6. 阅读与赏析

高校英语教学中阅读与赏析的考评目的是扩大学生阅读面，提高其学习语言的兴趣，扩展其语言学习的途径，增强其跨文化意识，促进其对跨文化知识的积累以及跨文化交际能力的提高；同时，通过阅读，激发学生思考，扩大其知识面，激发其自我学习以及探索兴趣与知识的动力，锻炼其写作能力及语言理解能力。以阅读与赏析为内容的考评应在开学不久就告知学生。可让学生自己选择阅读材料，也可教师指定阅读材料。阅读材料文体可多种多样，篇幅5000字左右为宜，难度需适中。阅读与赏析考评的内容视学生所自行选择的阅读材料及领域而定，可涉及各项智能的考评。例如若学生对音乐尤其有兴趣，会选择关于音乐方面的阅读材料。他的阅读及赏析考评内容就可包括对其音乐/节奏智能的评价。

7. 学生自我反思及本学期学习档案

学生自我反思包括课堂表现反思及期末反思。教师应让学生认识到反思的重要性及必要性，并进行有针对性的指导，促进其养成自我反思的良好习惯。无论是课堂表现反思还是期末反思，要求学生皆从学习目标、学习情感、学习态度、学习资源、学习方法、学习效果及自我评价等多个方面进行反思，然后让学生以笔述的形式表达出来。本学期学习档案形式多种多样，可以是课堂活动笔记，也可以是课后作业；可以是文字，也可以是音频；可以是纸质版，也可以是电子文档。其记录了学生本学期课堂及课后学习内容及情况，可从中看出学生的学习态度、情感变化、学习进步情况、学习的不足与弱项、自主学习能力的高低等。此类考评内容可考查学生自我反省智能、人际交往智能、自然观察智能等。

8. 英语学业考试

英语学业考试包括期中考试及期末考试。期中考试及期末考试是传统教学评价内容，主要专注于学生对课本知识及技能的掌握，即言语/语言智能及逻辑/数理智能的考核。考试内容一般包括听力理解、阅读理解、词汇用法与语法结构、翻译、写作五项。

根据高校英语多元教学评价内容，我们认为如网络作业、小组作业、影视分析、跨文化交际演讲/讨论、阅读与赏析等高校英语教学评价内容侧重于对学生的阅读能力、写作能力的测评，因此，在学业考试中，可以将考试内容加以压缩调整，只考评听力理解、词汇用法与语法结构、翻译三项内容。通过这三项的笔试考核，了解学生对本学期教学内容的掌握程度，以及其英语语言能力的提升程度及存在问题等。

（四）高校英语多元化教学评价体系构建的思考

大学英语课程多元教学评价体系是由多元化的评价指标、多元评价主体以及多种考核方式所构成的一个综合评价体系。多元教学评价体系的构建对于推动我国高校英语教学改革具有积极促进作用，与传统的教学评价关注学生学习结果相比，其更为关注教学的过程与方法，关注课程的发展；关注学生学习知识与技能的过程与方法，以及学习过程中学生的行为发展、情感态度及价值观的培养与形成等；教师也可在多元化的教学及评价挑战中实现自身专业的发展。当然，在进行大学英语课程多元教学评价体系构建的过程中，应认真思考以下几点。

1. 多元教学评价体系的构建切忌落入注重形式而不注重效果的形式主义

有关部门、教师及学生都需要正确认识教学评价的重要性，树立科学教学评价观，注重多元教学评价的设计，确保教学评价目的能够真正实现。应尤其避免多元教学评价流于形式。例如，避免出现教学评价内容看似多元化、多样化却无法做到针对性、系统性考查学生的各项职能及综合语言运用能力；或是本末倒置，为了追求评价的多元而增加学生的负担，导致学生甚至是教师产生抵触心理，影响正常的教学及学习效果。同时，要避免师生在他评、自评、互评的过程中出现的无效参与，以及偏袒徇私导致评价效果打折及有失公允的问题。

2. 多元教学评价指标的设计不应只专注于学业性内容

其指标设计不仅应包括传统的知识与技能等学业性内容，还应包括学习的情感态度、价值观、学习的过程与方法等非学业性内容。内容可包括学生的学业水平、学习动机、学习态度、学习动力、学习策略、反思能力、自学能力、归因倾向、品德行为、技能实践、团队精神、动手能力、创新能力等。构建过程中还需注意一些关键性问题。例如评价内容的选择以及比例分配；学生的参与程度的把握；学生补考的评价内容及标准；评价的可操作性等。

3. 多元教学评价体系的构建应充分发挥评价的激励功能

传统的教学评价以甄别与筛选为目的，以“一刀切”的标准给学生排名，导致评价的激励功能难以实现。教学评价应从情感、意志及兴趣等方面激励学生，刺激其自我能动性的发挥。评价指标、评价内容、评价方法等应兼顾学生的个性化发展及综合性发展，确保每个学生都有发掘或展示个人才能及特长的机会。同时，教师应积极为学生创造自我表现的机会。让其展现自我，从师生的认可中获得激励。当然，学生评价主体也应是多元的，让学生参与互评及自评，在评价中认真反思，看清差距，取长补短。教师的评价语言也需具有艺术性、时效性及激励性，从正面刺激学生的学习情感与态度。

高校英语教学评价应是多维度、多样化的，应能客观全面地对学生的表现做出评判，注重对学生理解能力、动手能力、应用能力以及创造能力等综合语言应用能力的评价，应是注重学生个性发展的科学评价。多元教学评价体系的构建顺应了我国高校英语教学评价改革的要求及目标。改革不能仅局限于对评价内容与方式的改革，还应在评价观念、评价价值取向、评价目标以及评价主体等方面进行改革，凸显多元化特点。应着眼于课程发展、学生个人发展以及教师专业发展。同时，在改革实施过程中应注意一些关键问题，以确保改革不走弯路以及不偏向。

第二节　基于 PBL 教学法的高校英语教学评价模式创新

教学评价在 PBL 教学中的重要作用没能充分发挥，最直接的不良后果是导致学生学习兴趣以及积极性减弱，教学无法达到预期效果，影响教学质量。因此，进一步探索更为有效的课堂教学评价方式是进一步提高 PBL 教学法成效的重要举措和前提。

一、PBL 教学法概述

PBL 是“Problem-Based Learning”的简称，即以问题为导向的教学方法。

PBL 是基于建构主义学习理论、合作学习理论、情境学习理论的教学法。根据建构主义学习理论，学生个体知识的获得，并非通过教师面授所得，而是在一定的社会情境之下，在教师的指导之下，通过自身掌握知识以及各种媒介渠道所获取的新知识，进行消化整合，形成意义建构的过程。合作学习理论认为学生在意义建构的过程中，通过与其他学生的互动，进行合作学习及自主学习。在探究过程中，小组各成员各担其责，分工协作，互相学习与监督，在交流与分享中形成意义建构，发展自身的学习能力、交际能力以及协作水平。

情境学习理论指出，学习不是一个单纯的个体意义建构的过程，而是与社会、文化等紧密相连的，基于现实世界的，实践性与理论性并存的意义建构过程。因此，PBL 教学法强调以学生为中心，以小组学习为形式，以现实世界中的问题为切入点，通过教师指导、监督、鼓励等手段，引导学生采用自主学习以及合作学习的方法，以“理解问题、剖析问题、解决问题”为思路，完成意义建构。PBL 与传统教学法有较大的不同，能够积极调动学生主观能动性，变被动学习为主动学习；变以教师为中心为以学生为中心；注重学习过程以及学习态度，强调学生的团队协作能力、动手能力以及创新能力。

问题导向学习可分为三阶段推进：问题发展阶段、问题探究阶段、问题验证阶段。三阶段论精确扼要地概述了 PBL 教学法的基本方法及内容，也指明了教师与学生在 PBL 教学中所分担的各项职责及任务。

（一）问题发展阶段

无论是教师还是学生提供的问题来源，其问题性质皆应与特定学习阶段的教学目的、目标、内容相一致；必须考虑到学生现有知识水平、已知相关事实及信息，以及可能实现的意义建构。

（二）问题探究阶段

学生通过自主探究及合作学习的方式进行信息的收集整理、意义的建构及知识的创新。教师则扮演指导者、激励者、监督者的角色。

（三）问题验证阶段

问题验证阶段主要活动为成果展示及评价。教师及学生都参与评价，为评价主体。评价内容主要分为成果评价及学生表现评价，具体涉及智力因素及非智力因素的评价。

二、在 PBL 教学法中引入多元化评价的必要性

多元化评价理论基于美国的发展心理学家以及教育学家霍华德·加德纳（Howard Gardner）所提出的多元智能理论。根据加德纳的理论，智能的定义即人在特定情境中分析问题、解决问题并基于此有所创新的能力。该理论认为，人的基本智能可分为八种类型，即语言智能、逻辑数理智能、音乐智能、空间智能、运动智能、人际关系智能、自省智能和自然观察者智能。但是，开始时它们并不是时刻都能被孩子体现出来的。因此，这就需要父母在日常生活中全面、细心地观察孩子方方面面的表现，从而挖掘出他的优势智力并适时地加以引导。在多元智能理论基础上，加德纳继而提出了与教学评价相关的“智能本位评价”理念，并主张在教学中实施“情境化”评估。“智能本位评价”对我国教育中传统的以排名以及选拔为主要目的教学评价，将评价重点回归到对教与学的诊断、调整与改进，以促进学生的个人发展为目的，挖掘及发挥学生智能强项，促进其智能弱项的发展。

PBL 教学法的基本步骤为，假设一定的情境，基于该情境提出相应问题，让学生进行分组探究，以小组学习以及个人研究的形式找出解决问题的途径和方法，按照规定时间完成任务，并根据老师要求进行不同形式的成果展示，最后进行评价反思。这样的教学，问

题是开放式的，学生对问题的探究具有差异性，评价也应是动态的、多样化的。

PBL 教学法的评价的实施在问题验证阶段展开，即整个教学活动的第三阶段，也就是最后阶段。这样的评价是基于成果基础之上的事实回忆性评价，在一定程度上弱化了对学生学习过程的诊断、指导、监控与激励。教学评价的功能包括导向、反馈、诊断、激励、教学五大功能。这五大功能，应透入教学过程的每个阶段，随时随地发挥作用，才能够充分地体现教学评价在教学中的重要角色及地位。

PBL 教学中，在问题导向学习的三个不同阶段，及时对每阶段学生应具备的专业能力、社交能力、认知能力等进行智力因素以及非智力因素两大方面的评价，并及时有效地进行反馈，实现教学评价对学生及教学的促进作用，促使学生及时修正学习策略方法、探究方向，提高探究质量，及时完成任务的同时实现有效学习。

换言之，PBL 教学中，应在问题导向学习三阶段中设定针对每个问题学习的短期成效评价以及长期成效评价，同时，PBL 教学中的学业评价中情能评价的权重还应进一步增加，才能真正摆脱传统的以智能评价为中心的评价方法，充分发挥评价在教学中的功能。教师与学生在每个阶段的师评、自评、他评过程中，适时交流沟通，发现问题及不足，及时纠正调整学习态度、策略及方法，实现知识的积累及迁移。如此，更能提高评价的有效性、学生学习的有效性以及教学的有效性。

三、PBL 教学的多元化评价设计

PBL 的教学评价目的在于通过驱动问题的探究过程观察、了解学生是否达到设定目标以及达到程度，进而实现教学目标。

PBL 教学法的第四步，即评价反思，是总结、改进与提升的重要环节。评价可分为教师评价、学生自评与学生互评。评价要注意多元化，不仅要评价学生的语言、逻辑智能，还应评价学生的人际交往智能、自我反省智能以及自然观察智能等；不仅要评价学生的基础知识、基本技能，还要评价学生的学习情感、学习态度、学习过程、学习方法、沟通能力、动手能力以及创新能力等。同时，通过多元化、多主体的教学评价，促使学生反思，使学生能够较为客观地看到自己的长处与不足，进行自我分析与评价，适时调整学习策略及方法，拓宽自己解决问题的思路、优化解决问题的方法、完善自己的思维过程。

在问题导向学习三阶段理论的基础上，建议在 PBL 教学过程中以及问题导向学习的各个阶段，从智能、情能两大方面，进行多次师评、自评与互评，以让师生在教与学的过程中及时发现问题与不足，及时调整教学或学习策略，在反思与交流中不断进步，更好地保证探究的质量以及意义的建构。

（一）在问题发展阶段

教师应评估问题与教学目的、目标、内容的契合度、问题的可操作性、难易度、学生可能实现的意义建构内容等，对问题的教学意义、效果，以及学生现有知识水平、意义建构和创新可能达到的水平有个大致把握，以利于教师在教学中进行指导与监督；学生则通过对自身现有知识、已知事实、探究问题所需能力等的评估，对问题进行消化理解，确定学习策略与方法，以及探究期间所需使用的信息收集整合技术，以便在自主探究与合作学习期间心中有底，拥有足够学习兴趣与信心。

（二）在问题探究阶段

教师与学生应通过师评、自评、互评的方式，对探究期间学生的分析、解决问题的能力、信息收集处理整合的能力、反思能力、意义建构能力、意义创新能力、沟通交流能力、学习策略、学习方法、学习态度等方面进行考评。教师可依此及时拆建帮助学生进行知识建构的知识支架，进行适时的启发、鼓励以及指导，同时监督探究进程及小组表现。学生则可通过自评与互评，进行学习策略方法的调整，确保探究的不偏向。同时，在共同探究、互帮互助中保持学习热情及积极性的不减退，并在交流与分享中认识自身的不足，及时修正，补漏补缺。

（三）在问题验证阶段

教师与学生通过师评、自评、互评等方式，从成果内容、表述、分析方法及深度、表现形式、制作水平、陈述表现等方面，对成果、小组成员以及集体的表现进行评价。教师可在学生的成果展示与自评、互评中进行诊断与分析，发现教学中的不足与问题，及时进行适当调整，以更利于学生的探究与学习，保证教学质量。学生则可在评价中客观认识自身及他人的优势与不足，取长补短，相互学习促进，实现学生个人综合能力的提升。

（四）在问题导向学习阶段

师生的反思、总结与创新都应是在不断地师评、自评、互评中实现的。在多次评价中，不断修正调整改进，同时时刻关注学生自身及他人的点滴进步、创新点及闪光点，如此，更能激发学生探究的动力，增强信心及兴趣，营造和谐教学、学习氛围，在积极向上的整体环境中确保较高教学质量的实现。

四、PBL 教学法的教学评价

众所周知，教学评价是教学活动重要内容之一，检测教学过程及结果，为教学决策服务，起诊断、导向作用，以完成教学目标提高教学质量为目的。PBL 教学法关注的不仅仅是学生学习的结果，更在于学习的过程，即剖析解决问题以及意义建构的过程。因此，PBL 教学评价适合使用形成性评价以及终结性评价相结合的教学评价模式进行。形成性评价专注过程；终结性评价专注结果。

PBL 教学评价主体主要为教师以及学生，可分为教师评价、学生自评与学生互评三种评价方式。如此三方面进行评价，从他人以及自己角度对自己的学习进行价值判断，可使学生较为客观全面地看清自己的优点与不足，对自己在学习方面的各项能力以及表现有较为客观清醒的认识，有助于其有意识地进行改进与提升。

根据问题导向学习的三个不同阶段，在评价环节，可从三种评价方式入手进行评价。

（一）教师评价

教师对学生的评价对于学生的综合能力提升以及身心健康都具有重要的作用，有利于学生的自我完善以及全面发展。因此，教师在针对学生学习表现及成果进行评价的时候，一定注意评价的客观性、全面性、激励性、正确性、可接受性以及发展性。具体来说，即进行评价之前应熟悉教学目标、教学内容，了解学生个体差异及特点，多留心、多观察，避免随意甚至是主观武断的评价。

在 PBL 教学中，教师除了在课堂上观察学生表现，了解学生学习进展及态度之外，还可通过课后交流或者利用互联网网络平台进行沟通交流的方式了解学生学习状况。通过观察学生在网络上的师生之间以及生生之间的互动，观察其思考解决问题、批判性思维、人际交往沟通、自主学习、合作学习等方面的能力，亦可了解其学习情感态度、学习策略调整、自我反思等方面的表现。教师在进行评价时，应采取鼓励、激励的态度，采用肯定、亲切的语言，以学生可以接受的表达与方式进行评价，才能让学生心里产生共鸣，增强学生的自信心，提高其学习积极性。形成性评价可通过观察法、访谈法、问卷调查法、学生学习档案、学习报告等手段实现；终结性评价可通过成果展示、基于真实情境的有针对性提问、针对性小测试以及期末相关测试的手段实现。

教师对小组及学生个人的评价具体根据智力因素与非智力因素可涉及如下内容：

1. 问题发展阶段

（1）智力因素

①具有一定的拟定假设与议题的能力。

②具有一定的对问题相关概念、方法、途径的了解。

③掌握一定量的与问题相关的网络中、英文用语。

④具有一定的能够使用英文通过书面及口头表达自己关于问题的理解和见解的能力。

⑤具有一定的探究过程中分析问题、解决问题的能力与策略。

⑥具有一定的使用网络搜索、过滤信息、归纳总结的能力。

⑦具有一定的 PPT 制作能力。

（2）非智力因素

①具有积极、端正的学习态度。

②学习目标明确。

③有一定自主学习能力。

④有一定合作学习能力。

2. 问题探究阶段

（1）智力因素

①具有一定的拟定假设与议题的能力。

②具有一定的对问题相关概念、方法、途径的了解。

③掌握一定量的与问题相关的网络中、英文用语。

④具有一定的能够使用英文通过书面及口头表达自己关于问题的理解和见解的能力。

⑤具有一定的探究过程中分析问题、解决问题的能力与策略。

⑥具有一定的使用网络搜索、过滤信息、归纳总结的能力。

⑦PPT 制作能力良好。

（2）非智力因素

①具有积极、端正的学习态度。

②学习目标明确；涵盖各种不同观点。

③有一定自主学习能力。

④主动分享想法与意见。

⑤愿意分享数据源。

⑥口头表达清楚易懂。

⑦及时在交流互动中提供反馈。

⑧具有积极反思的能力。

⑨具有一定的合作中的沟通、协调、组织、互动能力。

3. 问题验证阶段

（1）智力因素

①具有一定的对问题相关概念、方法、途径的了解。

②掌握一定量的与问题相关的网络中、英文用语。

③具有一定的能够使用英文通过书面及口头表达自己关于问题的理解和见解的能力。

④具有一定的探究过程中分析问题、解决问题的能力与策略。

⑤具有一定的使用网络搜索、过滤信息、归纳总结的能力。

⑥分享内容完整、具有建设性、创新性。

⑦参考数据源具有多样性。

⑧PPT 制作能力良好。

（2）非智力因素

①具有积极、端正的学习态度。

②学习目标明确；涵盖各种不同观点。

③有一定自主学习能力。

④口头表达清楚易懂。

⑤认真倾听，尊重他人意见或建议，及时提供反馈。

⑥具有积极反思的能力。

（二）学生自评及互评

学生自评是学生进行自我认识、自我分析以及自我提高的过程，是充分发挥学生评价主体作用的一种方式；是刺激学生学习兴趣、学习自信心、实施个性化教学的有效手段。学生自评的过程其实就是自我诊断、自我调控、自我反思、自我完善以及自我发展的一个完整的自我提升过程。学生可以在自我评价中充分体现学生的学习主体性，更好地激发学生学习积极主动性，充分体现对学生个体发展的重视以及对学生的尊重。学生自评可从学生对知识的掌握程度、学习策略、学习积极性以及学习能力等多方面进行考核。教师应做积极引导，做出示范，让学生对自我评价的重要性有清楚的认识，以调动其积极认真参与。同时，让学生对自我有客观积极的认识，不拔高，不自贬。

自我评价一般都是通过学生观察体会其他同学对自己的评价及态度，与其他同学进行横向比较以及学生自己通过自我观察及分析三种方式来实现。

学生互评是教学评价的重要内容之一。互评可以让学生更直接深入地参与到学习中。学生互评不仅仅是为接受评议的学生提供学习帮助及建议，同时也是对其他学生的亲身经历及体验的、更具直观性的教育。通过互评，学生真正参与到教学活动当中，自己成为监督者和评判者，在思考以及判断其他同学在学习过程中的对与错、优与劣的同时，进行自我反思以及自我修正，实现生生间的相互帮助及提高。

学生互评不仅充分体现学生学习主体角色，而且能通过评价他人来实现相互间的促进与提升，提高学生学习积极性，促使其主动探索，进而提高教学质量及效率。

教师需在评价方面做正确的指导，端正学生评价态度，教授学生正确评价方法，创造良好的评价氛围，促使学生进行积极客观合理的互评。

学生自评及互评具体根据智力因素与非智力因素可涉及如下内容：

1. 问题发展阶段

（1）智力因素

①具有一定的拟定假设与议题的能力。

②具有一定的对问题相关概念、方法、途径的了解。

③掌握一定量的与问题相关的网络中、英文用语。

④具有一定的能够使用英文通过书面及口头表达自己关于问题的理解和见解的能力。

⑤具有一定的探究过程中分析问题、解决问题的能力与策略。

⑥具有一定的使用网络搜索、过滤信息、归纳总结的能力。

⑦具有一定的 PPT 制作能力。

（2）非智力因素

①具有积极、端正的学习态度。

②学习目标明确。

③学习兴趣浓厚，主观能动性高。

④有一定自主学习能力。

⑤有一定合作学习能力。

2. 问题探究阶段

（1）智力因素

①具有一定的拟定假设与议题的能力。

②具有一定的对问题相关概念、方法、途径的了解。

③掌握一定量的与问题相关的网络中、英文用语。

④具有一定的能够使用英文通过书面及口头表达自己关于问题的理解和见解的能力。

⑤具有一定的探究过程中分析问题、解决问题的能力与策略。

⑥具有一定的使用网络搜索、过滤信息、归纳总结的能力。

⑦PPT 制作能力良好。

(2) 非智力因素

①具有积极、端正的学习态度。

②学习目标明确；涵盖各种不同观点。

③学习兴趣浓厚，主观能动性高。

④有一定自主学习能力。

⑤能够有计划地安排探究问题的时间并严格遵照执行。

⑥能够适时调整学习方法、策略。

⑦善于发现问题及解决问题。

⑧主动分享想法与意见。

⑨认真收集整理资料。

⑩愿意分享数据源。

⑪口头表达清楚易懂。

⑫积极思考，积极参与讨论。

⑬及时在交流互动中提供反馈。

⑭能够总结和借鉴同学的学习方法及经验。

⑮具有一定的合作中的沟通、协调、组织、互动能力。

3. 问题验证阶段

(1) 智力因素

①具有一定的对问题相关概念、方法、途径的了解。

②掌握一定量的与问题相关的网络中、英文用语。

③具有一定的能够使用英文通过书面及口头表达自己关于问题的理解和见解的能力。

④具有一定的探究过程中分析问题、解决问题的能力与策略。

⑤具有一定的使用网络搜索、过滤信息、归纳总结的能力。

⑥分享内容完整、具有建设性、创新性。

⑦参考数据源具有多样性。

⑧PPT 制作能力良好。

（2）非智力因素

①具有积极、端正的学习态度。

②学习目标明确；涵盖各种不同观点。

③有一定自主学习能力。

④口头表达清楚易懂。

⑤认真倾听，尊重他人意见或建议，及时提供反馈。

⑥具有积极反思的能力。

⑦觉得自己达到了预定的学习目标。

⑧觉得自己整体表现良好。

⑨觉得自己与同学之间情感的合作默契度有提升。

⑩觉得自己相关知识面的深度、广度有提升。

PBL 教学法是一种跨学科的教与学的方式。学生根据驱动问题，进行问题梳理、资料查询筛选和总结，在自主学习与团队合作中将新旧知识进行整合，构建新的知识框架，形成完整的知识链。通过问题的探究，不仅锻炼了自身的分析问题、解决问题的能力，还提高了自身的自主学习能力，成为学习的真正主体，并提高了协调合作能力。

提出问题、分组探究、成果展示、评价分析是 PBL 教学法的四个主要步骤，其中，PBL 的教学评价专注于整个教学过程中的教与学的价值，与教学质量息息相关，甚至影响到学生乃至教师的个人综合能力的提升。评价方式包括教师评价、学生自评以及学生互评，使学生成为评价主体之一，这样更有助于其认识自己的不足迎头赶上。同时，评价内容应包括智能与情能两个方面，以促进学生综合能力的提升。在 PBL 教学中采用多元化教学评价，契合该教学法中以学生为中心，专注学生个人发展的教学理念，属于促学评价类型，不仅重视学生智能方面的知识掌握，还重视学生情能的表现。

通过多方的较为详尽的评价指标，对整个学习过程进行监控、指导以及反馈，诊断学生智能的强弱项，实现个性化教学以及个性化发展。

第三节 现代信息技术辅助的高校英语教学评价模式创新

随着以计算机、网络、多媒体、新媒体等为代表的现代信息技术的发展，人类迅速步入了信息化时代。现代信息技术正以不可阻挡之势影响创新着社会各行业、各领域。信息技术在教育中的应用已成为高校教育改革的重要途径及切入口。全国高校近年来几乎全部构建了校园网，实现了校园网络全覆盖。信息技术与校本课程的整合正在全面铺开。基于现代信息技术的教育的融合将是高校教育发展的主流趋势。

作为高校基础课程，高校英语教学引入信息技术亦是时代发展的必然。基于网络的，以新媒体、云端大数据等为依托的数字化教学平台在高校英语教学中能够充分激发学生语言学习兴趣，提高语言学习效果，兼顾语言学习内容的多样性、实用性、知识性及趣味性；同时，注重学生日常课前学习成效、课堂表现、课下团队合作情况以及网络学习及互动情况，确保教学评价的客观性及科学性。

总而言之，有现代信息技术辅助的高校英语教学可以充分调动教师与学生两方面的积极性，使学生在学习中获得更大的学习成效及成就感。

一、现有大学英语教学评价改革中存在的问题

第一，过度依赖终结性评价，以量化的笔试结果为评价依据，忽略了体现在学生学习过程中的隐形学习结果及学习技能。

第二，注重知识的获取、智育的发展方面的考察，忽视对学生积极情感以及高阶思维能力等的评价。

第三，将平时成绩的记录等同于形成性评价，或虽采用某种形成性评价方法，但采用的目的偏向于对学生的甄别、筛选及排名，而不是形成性评价应有的激励、反馈、导向等功能，无法促进学生自主学习，亦无法实现即时监控。

第四，以量化评价为主，评价细节缺少质性描述。

第五，评价数据收集、分析、处理的工作烦琐复杂，无形中加大师生工作量，难以提高评价参与度及评价效率。

第六，重课后评价，轻课前、课中评价，且属于断裂性的阶段性评价，而不是具有持续性特征的发展性评价。

第七，以教师评价为主；无学生自评、他评的细化标准。

第八，评价方法单一，技术落后，信度、效度低。

教学评价已成为制约基于现代信息技术的大学英语教学研究与发展的关键问题。这些问题如果得不到解决，国内高校大学英语的信息化教学建设就带有一定盲目性，高校信息化教学的目标和方向就不明确，就会影响基于现代信息技术的大学英语教学的健康发展。

二、基于现代信息技术的高校英语评价模式设计的理论基础

（一）第四代教育评价理论

第四代教育评价理论是由美国学者库巴和林肯在对传统评价理论进行反复反思、批判的基础上提出的。该理论强调评价的发展性，以及对所有人价值观念的重视；提出了质性评价方法，以及“共同建构”“全面参与”“价值多元化”等评价思想和方法。该理论所倡导的评价主体多元化、评价内容全面化、评价关系平等化、评价方法多样化等非常契合基于现代信息技术的高校英语教学评价应有特点。

（二）形成性评价理论

形成性评价理论强调在教与学的过程中，通过多种正式与非正式的评价方法来评价教师教学以及学生学习的效果，并根据所掌握的中间成果来不断调整教与学的活动，修正教学计划，以提高教师教学质量以及学生学业成就。形成性评价不仅能及时掌握学生的知识理论学习成绩，而且还能涉及学生的学习态度、情感、策略、协作能力、发展批判性思维和创造能力等非智力因素的考核。

三、将现代信息技术引入高校英语教学评价的意义

将以网络、新媒体、云端大数据、教学评价平台等为代表的现代信息技术引入高校英语教学评价，充分利用现代信息技术和丰富的网络资源，构建易于操作，指标层次分明、数量适当，指标详细，方法简便，内容全面，人文性与科学性有机统一的高校英语教学评价体系，实现师生共同评价教学实施效果，体现评价全面性、发展性、动态性的特点。

以评导教，以评促学，以实现教与学能力的共同提高，提升高校英语教学的成效与质量。同时，基于现代信息技术的高校英语教学评价通过新媒体、云平台等大数据收集、清洗、分析、挖掘，生成学生个性化评价数据，提供极为有用的个体发展的纵向信息，预测学生学习趋势，优化知识体系。通过网络学习平台，学生可充分利用集成化的学习环境及具有交互功能的学习资源进行学习，通过大数据直接全面了解自己以及其他同学的学习结果及评价，在评价中看到自己的学习进步过程，获得激励，体验成功，进而激发其学习动机及学习热情，增强其自主学习的主动性及能力。

教师亦可通过各种如 U 校园、微课堂、雨课堂、批改网等网络学习系统、测试系统、教学管理系统等，实现学习、测试、分析、记录成绩等多项功能的信息化，并通过海量大

数据的清洗分析，还可了解学生个体认知发展情况，挖掘学生个体学习需求，实施个性化教学评价。

四、基于现代信息技术的高校英语教学评价模式创新

在现代信息技术飞速发展的现今社会，信息技术的发展到教育改革。高等教育信息化是促进高等教育改革创新和提高质量的有效途径，是教育信息化发展的创新前沿。高校应利用先进网络和信息技术，整合资源，推进信息技术在教学中的普遍应用，培养学生自主学习、自主管理、自主服务的意识与能力。开展基于现代信息技术的高校英语教学评价相关研究符合《“十四五”国家信息化规划》要旨及精神。

目前，高校英语教学改革中关于教学评价的研究日渐丰富，对信息技术化教学评价的研究亦方兴未艾；同时，基于现代信息化技术的各类学习网站以及科学的智能测评系统等能自动生成相应的对学生自学、自测情况的分析大数据。

基于U校园、微课堂、雨课堂、批改网、云端大数据、校园教学管理平台等现代信息技术及网络资源的高校英语教学评价方法及策略的创新涉及的内容包括：

第一，充分利用现代信息技术及网络资源，设置任务模块，提供学习资源，通过系统记录及其他大数据，对教师、学生、教学内容（包括教学环节与教学改进）、教学媒体（包括教育资源）分别进行评价。

第二，系统评价体系基础上，应充分利用网络资源及现代信息技术，通过网上登录情况、学习时间段、自学记录、学习档案记录、学习进程记录、任务完成情况、测试结果、互动参与情况等大数据收集、清洗、分析，进行多元的、动态的、全面的、发展的、人文性与科学性有机统一的评价，重点关注学生对个体成长与发展过程。

第三，注重教学评价中的人文关怀，如充分利用网络资源及现代信息技术辅助评价，减少师生评价工作量；关注学生个体微观表现，预测学生个性化学习需求；同时细化学生自评、他评的指标，建立学生个体数据库，实施个性化评价；根据学生个体学习特点及成效，对学生个体的未来学习趋势进行预测，提供个性化培养计划。

第四，利用云端大数据、教学评价平台等大量相关数据的收集、存储、分析以及做出相应评价，让学生了解其个人或者与其他学生之间的横向、纵向比较，及时发现自身的问题与不足，以调整学习策略或方法，提高学习效率，促进生生间的良性竞争。

第五，充分利用如U校园、雨课堂等教学管理平台助力高校英语教学，并利用各平台的特色设计增加教学趣味性，促进教学评价的科学性、合理性、客观性及全面性，如签到功能、课堂点赞功能、疑问标记功能、弹幕功能等。

第六，充分利用针对英语语言各项技能而创设的学习 App 或其他网络学习平台进行教学评价，丰富评价内容及方式，减少教学评价人工工作量，提高评价的准确性及效率，实现个性化、动态性、全面的发展性评价。

现代信息技术的迅猛发展强烈冲击着传统的以“讲台、教师、黑板、粉笔”为要素的封闭式单向传输的以教师为中心的课程教学模式，更为先进的，以校园网为基础的高校信息化教学为我国高校教育中的快速推广和发展提供了多样化的、多层次的手段及技术支持。现代信息技术以极其丰富的网络资源及多彩的多媒体手段正日渐融入高校英语教学领域，并发挥着越来越重要的作用。

将现代信息技术引入高校英语教学，必将对高校英语教学的教学理念、教学管理、教学模式、教学方法、教学测试及评估模式等产生深远的影响，对我国现代高校英语教学的改革起着巨大的推动作用。

第六章　高校英语教师的专业发展

第一节　高校英语教师的专业发展相关内涵解析

一、教师专业发展相关概念解析

（一）教师专业化和教师专业发展

要正确理解教师专业化的深层内涵，首先要区分“职业”和“专业”这两个相关概念。

1.“职业”和“专业”的区别

所谓职业，泛指用以谋生、有金钱酬劳的工作。

专业是具备高度的专门职能及相关特性的，其主要特点为：专业本身具有发展性；严格的专业选拔与有效的专业训练；专业人员具有系统而全面的专业理论和实践知识基础；专业人员具有较高水平的专业判断和决策能力。

2. 专业化和教师专业化

所谓“专业化”，既指某一专业人员达到该专业标准的动态发展过程，也指其成长为专业人员的静态发展结果。

教师专业化也应该从动态和静态两个方面来理解。从动态的角度来说，教师专业化主要是指教师在严格的专业训练和自身学习的基础上，逐渐成长为一名专业人员的发展过程。这一发展过程的实现需要教师自身的努力以及良好外部环境的创设，这两方面因素相互促进、缺一不可。从静态的角度来讲，教师专业化是指教师职业真正成为一个专业、教师成为专业人员并得到社会承认这一发展结果。“专业化”将成为未来教师发展的努力方向。

从广义来讲，教师专业化的标准主要包括教师自身素质与客观环境两大方面。

其中，教师自身素质的发展是教师专业化标准的核心，它主要包括以下几方面：具有专业责任感和服务精神；受过较长时间的专门训练，具有较强的专业基础；具备教育实践能力，包括教育活动组织能力、教育性反应意识、教育监控能力，对儿童的指导能力、和谐师生关系、支持性同伴关系和家园关系等的创设。

良好客观环境的创设也是教师专业化标准的重要方面，如创建完善的教师职前培训体系；提供多途径、多形式的教师在职进修机会；为教师提供参与研究的机会，鼓励其积极参与科研；建立教师专业团体；制定严格的教师选拔和任用制度；提高教师的经济和社会地位等。

3. 教师专业化与教师专业发展的关系

关于"教师专业发展"与"教师专业化"的关系存在着三种不同的观点。

第一种观点将"教师专业发展"等同于"教师专业化"。

第二种观点认为，教师专业化和教师专业发展不是同一概念。教师专业化是指教师职业专业化的过程，教师专业发展则是指教师个体由不成熟逐渐成长为成熟的专家型教师的过程。

第三种观点认为，"教师专业化"包含"教师专业发展"。该观点将专业化划为两个维度：地位的改善与实践的改进。前者作为满足一个专业性职业的制度；后者作为通过改善实践者的知识和能力来改进所提供服务的质量的过程。

从广义的角度来讲，"教师专业化"与"教师专业发展"均指加强教师专业性的过程。

从狭义的角度来讲，"教师专业化"更多是从社会学角度考虑的，主要强调教师群体的、外在的专业性提升；"教师专业发展"更多是从教育学维度界定的，主要指教师个体的、内在的专业化提高。除此之外，这两个概念还有一个区别，即教师专业化体现的是一种教育思想、教育制度、教育改革运动；而教师专业发展包含的是一个教师的成长过程。

教师专业化和教师专业发展相互区别，但也相辅相成。教师专业化制度的建立及教师专业化运动的发展为教师专业发展提供了保证，只有教师职业更加专业化，才能使教师专业发展得到更大的提高。而教师专业水平的提高，也会更有力地支持和推进教师专业化。

（二）教师专业发展的界定

教师专业发展是以教师个人成长为导向，以专业化或成熟为目标，以教师知识、技能、信念、态度、情意等专业素质提高为内容的教师个体专业内在动态持续的终生发展过程，教师个体在此过程中的主体性得以充分发挥，人生价值得以最大限度实现。

二、影响高校英语教师专业发展的因素

随着对教师专业化研究的深入，很多学者认识到影响教师专业发展的因素除了个人因素（认知能力、职业道德、人际交往等）外，还包括环境因素，如教育政策、学校管理与学校氛围等。下面就对这些因素展开分析和探讨。

（一）个人因素

1. 认知能力

从认知角度来分析，高校英语教学是一项非常复杂的认知活动，英语教师的认知能力是他们长期开展教学活动所积累的结果。认知能力的发展有助于提升高校英语教师的教学效能。在高校英语教学过程中，如果一名教师的认知能力较强，那么他/她必然会灵活采用教学策略、运用教学技巧，从而激发学生参与教学活动的积极性。

2. 职业道德

对于高校英语教师而言，职业道德对他们有着至关重要的影响。第一，职业道德是教师实现角色认同的基础和前提，如果一名教师不具备基本的职业道德，那么就没有资格担任教师这一重要角色。第二，具备高尚职业道德的高校英语教师会在自己的工作中任劳任怨、勤勤恳恳，直至在教学中取得优秀的成果，引领学生步入一个新台阶。第三，高校英语教师的专业化是在不断处理个人与他人、个人与集体的利益关系时不断发展的，而在这之中需要道德的参与，也就是说职业道德是高校英语教师进行职业交往、解决冲突的一项重要准则。

3. 人际交往

高校英语教师的专业发展是在与他人的交往中逐渐发展的。也就是说，具备良好的人际交往，高校英语教师才能保持愉悦的心情与健康的心理，避免自身产生职业倦怠。首先，英语教师要处理好与学生的关系，与学生建立良好的人际关系，有助于教师实现自身的意志、理想与情感的统一。这是高校英语教师专业发展的一项重要内容。其次，高校英语教师还要处理好与同事之间的关系。高校英语教师之间通过合作，可以不断提升自身的专业化水平，这是高校英语教师专业发展的必然要求。

4. 自我评价

在高校英语教师专业发展过程中，自我评价也是必不可少的一项内容。第一，自我评价有助于英语教师的角色内化，让高校英语教师对自己有清晰的了解，从而建构自己的教

学内容，不断提升自我。简单来说，如果一名高校英语教师自我认识较高，那么他会显得更为自信和成熟。第二，自我评价有助于调动高校英语教师的内在动机，通过自我评价，高校英语教师的积极性、自觉性不断提升，增强自己的创新意识。第三，高校英语教师的自我评价有助于提升自身的意识，高校英语教师通过自我评价有助于更深层次地认识自我，使自己不断思考、不断反省。第四，自我评价可以促进高校英语教师把握人生价值选择，进行自我塑造。

5. 职业发展动机

高校英语教师的职业发展动机包含内部动机与外部动机。前者是指人们对某些活动感兴趣，并从活动中不断获得满足，活动本身成为人们从事该项活动的助力。内部动机反映出高校英语教师对教学工作的价值取向与主观需要，对高校英语教师的教学行为起着重要的刺激作用。后者是指由于压力诱发的助推力，其在高校英语教师的教学工作中也起到重要的引导与激励作用。

（二）环境因素

1. 教育政策

所谓教育政策，即国家和政府制定的对教育领域的社会问题、利益关系进行调整的公共政策。一个国家的教育政策对教师专业发展有着宏观层面的影响，其为教师提供物质基础与保证，赋予教师基本的权利与义务，体现国家对教师的要求。首先，教育政策为高校英语教师的基本生活与工作提供物质保障，对教师的生存与发展产生直接影响。其次，教育政策为教育事业发展提供了重要规范与标准，对教师的专业发展提供了重要指导。最后，教育政策通过教师考核制度、奖惩制度等对教师的专业发展起着重要的激励作用。

2. 学校管理

学校管理是管理者在国家政策指导下，对学校内部情况进行管理，是对学校系统资源、人力资源、物力资源等进行的组织与规划、协调与控制、决策与指导的过程。学校管理者管理方式的不同，会对教师的专业发展起着不同的作用，因此学校管理者应该首先了解每一位高校英语教师自身的需要，针对不同的需要以及高校英语教师不同的发展阶段，采取恰当的管理措施，调动英语教师的积极性。

3. 学校氛围

学校氛围是每一所学校内部形成的，对其成员的价值观念、道德规范等起着重要的作用，是一所学校的精神风貌。其对于高校英语教师的专业化发展也起着潜移默化的作用，是教师专业成长的外部精神力量。良好的学校氛围为教师提供富有挑战性的工作机会，能够激励高校英语教师的不断发展、持续成长。充分发挥高校英语教师的主动性和创造性，使高校英语教师为实现自我而努力。

三、高校英语教师专业发展的现实意义

世界在不断向前发展，再加上中国坚持改革开放的政策，因此需要大量的复合型、国际性、综合性的英语人才。而培养这类人才的重任就落在了英语教师的身上。英语教师只有不断提升自己、不断学习，才能保证知识足够、理念新鲜、方法灵活。

首先，英语教师身份的教、学、研三重性就决定着教师工作是十分复杂的。在教、学、研不断动态发展的过程中，教与学应该相长，用教学带动研究，以研究促进学习。另外，英语教师自身角色的三重性也要求教师应该树立正确的学习观，掌握科学的英语教学方法和策略，学习与时俱进的英语教学论，具备积极的科研功底与态度。由于英语教师教育具有动态发展的特点，同时还具有长期性，因此教师的专业化要求也是不断持续发展的，它会贯穿于教师的整个教育生涯。

其次，教师这一职业还具有社会性，它与社会的发展有着密切的关系。社会发展是日新月异的，科技在迅猛发展，社会上新理念、新思潮不断涌现出来，这也要求教师教育应不断发展。

最后，英语具有独特的学科特点，这就需要教师应该放眼世界，胸怀国家，从世界的视角来看待英语教育。尤其是当今的学生有着鲜明的发展性与时代性，这就导致教师以往的“一师一法”是行不通的，必须寻求进步与改变。

上述这些方面都要求教师要扩大知识面、接受专业化教育、提高自身专业化素质与水平。总之，高校英语教师专业发展是必要的，应予以重视。

第二节　高校英语教师的专业角色与素质

一、“互联网+”背景下高校英语教师的角色

“互联网+”背景下的高校英语教学作为一种新兴的教学方式，有效促进了课堂教学效果的提高和教学目标的达成，实现了个性化学习，同时其对教师提出了新的要求，促进了教师角色的转变。具体而言，在“互联网+”背景下的高校英语教学中，高校英语教师

的角色发生了显著的变化。"互联网+"背景下的高校英语教师角色让课堂更为有效、生动，教师发挥了更多的引导和协助的工作，学生提供了个性化学习感受和多样化学习方式，对英语课堂的顺利实施有着显著的促进作用。

说到角色，一般人会觉得其与身份、地位有关，认为角色是对人们身份、地位的诠释。在当今社会，教师扮演着十分重要的角色，他们以各种方式调动与引导学生参与活动，并引导学生在自己设定的环境中展开探索。

（一）教师的角色

1. 教育者

作为一名教育者，教师首先担当着教育人和培养人的责任与义务。为了实现这一目的，教育者必须具备高度强烈的敬业精神以及社会责任感，以身作则，身体力行，通过自己的行为去教育和感染学生，帮助学生树立良好的人格。

2. 工程师

作为一名工程师，教师担负着引导人、改善人、塑造人的任务。教育的目的就在于改善人的行为、净化人的灵魂。这是因为，教师是人类行为和灵魂的工程师。作为工程师，教师在教书育人、对教育对象起到主导作用的过程中必须具有精湛的技术、渊博的知识，制造和设计出被社会认同的优质"产品"和优良品格。

3. 激励者

作为一名激励者，教师承担着鼓励和激发学生求知欲望的任务。兴趣是最好的老师，是推动学生学习的原始驱动，而求知欲望是学生成功的前提。教师教育的一项重要任务是通过开展教学活动来开启学生通往智慧的钥匙，激发学生对知识的渴望及兴趣，从而不断培养他们认识世界、改造世界的能力。

4. 艺术家

作为一名艺术家，教师在教学过程中还承担着传播美的角色，不断培养人的审美能力，提高他们鉴赏美的能力，使学生学会追求美，善于用眼睛观察和发现美，最终实现美的创造。

5. 指导者

作为一名指导者，教师在整个教学活动中起着重要的指导作用。通过运用科学的教学方法来引导学生学会学习，学会如何理解和掌握知识体系，如何培养自己的技能，如何从一个可知领域向着未知领域发展。

综上所述，英语教师作为普通教师，首先应该充当着教育者、工程师、激励者、艺术家、指导者的角色。无论时代如何变化，学科有何不同，教师的本质特征是不变的，所以坚持这些共性特征是所有教育者必须遵循的。

（二）高校英语教师的角色

作为一名英语学科的教师，除了要承担上述角色外，高校英语教师还扮演着特殊的角色。英语学科具有独特的学习方法和体系，高校英语教师在进行教学时需要从英语学科的具体特点出发，即教学中应该包含如何提高学生的英语运用能力，如何激发学生英语学习的兴趣和积极性，这就要求教师必须承担如下多重角色。

1. 英语语言知识的引导者

教师是英语语言知识的诠释者，因此首先要具有渊博的英语语言知识储备。也就是说，高校英语教师必须对专业知识有一个系统的掌握，并能够系统地分析出各种英语语言现象。从教师教育的研究中不难发现，英语教师需要掌握的专业知识包含理论知识、形式知识、语境知识、实践知识等。这些知识不仅包含语言形式结构的知识，还包含语音知识、词汇知识、语法知识、语篇知识、社会文化知识等具体的语言使用的知识。高校英语教师只有掌握了这些知识，才能对语言材料、语言现象有一个清晰的剖析和阐述，也才能解答学生学习中所遇到的问题，从而使学生能够恰当地理解并实现语言输出。

另外，语言技能的掌握和使用也离不开语言知识的积累。通过不同的语言形式，语言功能得以实现。无论教师采用何种教学策略，其必须要教授的教学内容就是英语语言系统知识及对这些知识的分析和输出。可见，教师是英语语言知识学习的引导者和帮助者。

2. 英语语言技能的培训者

高校英语教师不仅是英语语言的诠释者和分析者，更是英语语言技能的培训者。在学生进行语言学习时，对语言知识的掌握是必要的前提条件和基础，而学习语言的目的是提高和发展自己的语言运用能力。

一般来说，语言技能包含听、说、读、写、译五项。从语言的发展规律上来看，听、说位居第一，其次是读、写、译。但是，从外语教育的角度来说，读、写、译是居于第一，听、说第二。这就说明，高校英语教育的目标是让学生具备一定的读、写、译能力，而听、说能力是提升学生读、写、译能力的前提和基础。因此，在高校英语教学中，教师必须具备掌握语言技能的能力，这是一个全方位掌握的概念，是听、说、读、写、译的有机结合。如果不能掌握这些技能，教师就很难驾驭语言课程，也很难娴熟地组织语言教学活动，也无法完成提升学生语言技能的重要目标。

另外，还需要指出的是教师还担任着英语语言训练合作者的身份。也就是说，并不是教师将任务布置给学生就可以了，还需要引导学生，参与到学生的活动中，让学生在教师的帮助下更得心应手，既学到了知识，也完成了任务，从而也提升了教师的教学效果。

3. 英语课堂活动的组织者

对于任何教学活动来说，课堂活动是必不可少的，这在高校英语课堂也不例外。高校英语课堂活动是高校课堂教学的载体，设计合理的高校英语教学活动有助于提升教学的质量。如前所述，英语是一门特殊的学科，有着特殊和明显的特征，因此在课堂上教师需要对英语技能进行培养和训练。英语课堂活动恰好是训练技能的一种有效方式。

但是，就普通高校英语课堂来说，教师可用的教具只能是粉笔、黑板、幻灯片、投影仪、录音机等设备，这些设备携带并不方便。借助于这些教具，学生可以了解很多基础性的知识，对基本原理有了更直观的了解和接触，但学生并没有太多的机会参与到课堂中，仍旧扮演着被动者的角色。同时，英语训练需要语言环境的参与，但是在普通的高校英语课堂中只能提供有限的教学环境，如辩论、对话、话剧表演等，学生缺乏真实的语言训练的机会，如远程对话交流、电影配音等。虽然教师发挥了活动组织者的身份，并且活动也大多比较直观，但这是远远不够的，很难加深学生对英语语言知识和技能的印象，也很难巩固自己的语言知识体系。

4. 英语教学方法的探求者

在高校英语教学中，教师不仅仅是固有教学方法的使用者，也承担着新型教学方法的探求者和开发者的角色。语言教学具有很强的实践性，因此其与教学方法关系密切。英语语言知识的分析、语言技能的掌握、课堂活动的组织等都离不开科学的教学方法。

英语语言教学的方法有很多种，如语法—翻译法、听说法、交际法、情境法、任务法、自主学习法等。这些方法都存在着某些优点，也存在着某些缺点。因此，任何一种教学方法都不是万能的，高校英语教师需要将各种教学方法综合起来组织和实施教学，以便获得更好的教学效果。就当前的高校英语教学来说，已经从传统的以教师为中心转向了以学生为中心，强调学生的地位，这也有助于实现教师和学生的双向互动。

5. 语言文化差异的解释者

高校英语教师还充当着中西方语言文化差异的解释者的角色。文化背景与文化传统不同，其价值观念和思维方式也存在明显差异。文化差异逐渐成为中西方跨文化交际的障碍。

从社会文化角度来说，语言是一种应用系统，具备独特的规范和规则，是文化要素中不可或缺的一部分。在英语教学与学习中，除了要教授英语语言知识和技能外，还需要教授文化背景知识，三者是相互促进、相互弥补的关系。

只学习语言材料，不了解文化背景，犹如只抓住了外壳而不领悟其精神。文化背景知识是理解过程中意义赖以产生的主要因素之一。因此，学习语言就是学习文化。在语言文化知识的内容上，除了要讲解本土文化知识，还需要讲解英语民族的文化知识。中西方语言文化的差异性主要体现在社会制度、风俗习惯、思维方式以及道德价值上，其在语言的词汇、篇章、结构、言语行为中都能够体现出来。作为中西方语言文化差异的解释者，英语教师要熟知和了解中西方的语言文化及差异性，因此他们需要大量阅读中英文资料、观看中英文电影，积累足够的能够表现中西文化差异的一手素材非常必要。

另外需要指出的是，在充当中西方语言文化差异的解释者的过程中，教师需要保持一种中立的态度，文化没有好与坏，在选取素材上也尽量选取那些不会伤害任何文化的素材，这样有助于更好地引导学生对中西方语言文化有一个清晰的认知。

6. 英语语言环境的创设者

根据二语习得理论，语言环境对于语言学习有着至关重要的作用，尤其是在缺乏真实语言环境的教学中更是如此。通过创设真实的语言环境，教师可以将新旧知识联系起来，使学生了解中西方的文化传统习俗，接受原汁原味的中西方文化的感染和熏陶。这比学生单独学习词汇、单独学习句子等成效显著得多。

英语语言环境的创设不仅在课堂教学中展开，在课外也应积极创设。在课堂上，教师可以利用网络多媒体技术呈现与文化背景有关的资料和信息，让学生了解与西方社会文化资源接近的各类文化资源和语言环境，在课外，教师可充分利用网络教学平台、英语学习语料库开列书目、布置任务，引导学生大量阅读英语报纸杂志、书籍，使学生能始终置身于英语学习的环境中，不断提高其英语水平。

7. 英语教学测试的评价者

教学评价是高校英语教学的一个重要环节。对高校英语教学进行科学、全面、客观、准确的评价对于教学目标的实现是非常重要的。教学评价既是教师获取教学反馈、改进教学管理、保证教学质量的一个重要依据，也是学生改进学习方法、调整学习策略的一个有效手段。在还未利用网络技术、网络资源之前，教学质量的评价往往只通过作业本、试卷完成。教师通过批阅学生的作业就可以了解学生对知识点的掌握情况，这对普通的高校英语教学是必不可少的。但是需要注意的是，任何事情都具有两面性，抛开批改作业的质量来说，就是当批改完成后教师也没有多余的精力去总结学生的完成情况，或者去分析其中存在的问题。

8. 英语语言教学的研究者

高校英语教师除了担任语言教学任务外，还承担着研究者的任务。他们在掌握语言教学理论与性质规律的基础上，逐渐构建自己的教学理念，并运用这一理念去指导实践活动，达到良好的教学效果。因此，高校英语教师在英语语言教学实践中，必须进行英语语言教学的理论研究，将教学研究与课堂教学实践相结合，从而实现理论到实践的转变，再到理论的升华。

（三）“互联网+”背景下高校英语教师的角色定位

在“互联网+”背景下，高校英语教师的职责并没有被削弱，反而面临着更艰巨的挑战，因为这一全新的模式对高校英语教师提出了更高层次的要求。高校英语教师必须学会运用先进的教学手段和教学模式，改变传统的教学理念和模式，这样才能适应当前教育的需求。在具体的定位上，教师除了具备上述角色外，还担任如下几种特殊的角色。

1. 语言单元训练任务的设计者

单元主题目标往往需要设计单元任务，学生通过对真实任务的探索以及对英语语言的操练，既能够扩宽自己的知识面，又能够提升自己解决问题的能力。因此，语言单元训练任务是语言学习的一个重要项目，这就要求教师在网上设计相应的能够提升学生基本技能的任务，让学生在规定的时间内完成任务，并且提交后查看结果，电脑当场给予学生分数。学生以这种方式完成一系列的任务，有助于降低压迫感与挫败感，他们也愿意参与到任务中。

语言单元训练任务的完成是学生解决问题、实现教学目标任务的前提，他们只有掌握了必备的语言素材，才能对相关的语言材料进行操练和应用。

2. 主题教学模式的设计者

在“互联网+”背景下，高校英语教学要求教师设计和探讨新的教学方法和教学模式，既要将网络多媒体的优势发挥出来，又要提升学生的学习效率。但是，高校英语教师设计的主题教学模式应该是学生感兴趣的热点话题，如校园生活、学业压力、人际关系、就业、考研、钦佩的人、难忘的事、旅游、海淘等。整个主题教学模式是围绕某一主题进行的，让小组进行关于主题的分散讨论，最后以主题写作形式结束单元主题的教学。

当教师运用网络来与学生进行讨论时，要对教学的内容、网上的资源进行合理安排。

一般来说，讲评和讨论可以在课堂上进行，而阅读和写作可以在网络上进行。

在网络多媒体环境下，教学中设计的每一个主题都可以在网上找到丰富的资料，包含其涉及的文化背景知识和发展动态，然后由学生自己进行整理总结，得出自己的结论，然后再与其他学生展开讨论，这样就可以不再局限于课本对学生的束缚。

3. 学生网络学习的帮助者

“互联网+”背景下的高校英语教学的一个重要特色就是其具有网络监控作用。通过网络监控学习，有助于了解学生的学习过程，帮助学生实现自己的需要。教师是学生网络学习的帮助者，尤其是后进生的帮助者。通过学生对网页等的浏览，教师可以进行记录，了解学生的参与情况和次数，帮助他们了解学习中的困难，并解决实际中的问题。

但是，由于学生出现的问题不同，因此教师应该针对不同的学生给予不同的指导和辅助，促进学生得到不同层次的提升和进步。可见，教师对学生网络学习的帮助更具有人情化，避免了学生出现畏惧心理，并能够快速地解决问题，完成自主学习。

4. 在线学习系统的建立者

网络技术为学生的高校英语学习提供了便利条件，而调控学生的学习、提供个别的指导是教师的主要任务，但是首先要做的就是建立一个完善的在线学习系统。这一系统不仅要包含教师端，还包含学生端。学生端首先需要填写自己的信息，然后按照班级让教师提出申请，进而加入这一在线学习系统中。教师对学生端进行审核，确定无误后允许学生加入该系统中。

根据导航指示，学生获取相关资料或者可以下载下来。例如，在线学习系统包含“单元测试”与“家庭作业”等子项目，学生在“单元测试”中进行训练和测试，在“家庭作业”中提交自己的作文。之后，学生可以通过“师生论坛”或者 E-mail 的形式与教师或者其他学生进行讨论，参与网上的交互活动。

不难发现，在线学习系统是课堂教学的延伸。通过系统的处理和记录，教师可以将学生的记录进行比较综合，从而迅速、直观地了解学生的学习状况。

5. 交互机制实施的促进者

单纯的语言输入并不能保证语言的习得，而交互活动是语言习得的关键，其中交互活动包含意义协商和语言输出。网络多媒体为高校英语学习的交互提供了大大的便利。作为交互学习的促进者，教师应该组织指导和激发学生参与到主题单元的交互活动中。

例如，利用网络论坛发布教学内容，给学生布置学习任务，为学生分析解决问题提供指导；利用 QQ 群或者讨论组与学生进行交流等。这些网络交互活动可能具有即时性，也可能具有延时性，但是在整个活动中教师都是促进者的身份，与学生进行平等的讨论，并给予恰当的意见。

6. 数据搜集整理的分析者

随着使用大规模的在线公开课程，学生可以免费获取大量的名校课程，学生进行学习的途径有更多的选择，这就给高校英语教师提供了更高的要求。数字教育平台的建立，使得各门课程的网络学生有很多，网络信息库的资源被迅速捕捉出来。通过对学生的海量信息进行收集和挖掘，教师可以更准确地把握学生的特征以及学生学习的效果，并对学生下一步的学习形式和内容进行预测，真正地实现因材施教。

作为大数据的搜集挖掘者和分析者，高校英语教师必须掌握大数据分析的技巧和方法，其中包含模型预测、机器学习、比较优化、可视化等方法。

二、“互联网+”背景下高校英语教师的素质

（一）教师的素质

从心理学上说，素质即人们与生俱来的神经系统、感知器官的某些特征，尤其指的是大脑结构与技能上的某些特征。

这里所说的教师素质主要侧重于教师的从业素质，即教师的职业素质，具体指教师为了与教师职业要求相符所必须具备的基本能力与品质。其中包含教师的道德素质、文化素质、思想素质、能力素质、科研素质等。

（二）高校英语教师的素质

高校英语教师素质的内涵可以涉及如下几个层面。

1. 职业理想

教师的职业理想是教师从事教学工作的兴趣与动机的体现，是其献身于教学工作的原动力。在高校英语教学中，教师的职业理想表现为积极性、事业心、责任感，高校英语教师具备的崇高的职业理想，是他们开展高校英语教学活动的有利层面。

2. 知识水平

教师所具备的知识水平是教师开展教学工作的前提。从功能角度出发，将教师的知识结构划分为四大部分：本体性知识、文化知识、实践知识、条件性知识。

教师的本体性知识是教师特有的知识，如英语语言知识，这是为人们普遍知晓的。一

个人最佳的知识结构就是自己所从事职业的知识，这是获取良好教学效果的保证。学生的年级越高，教师的威信越取决于自身的本体性知识。但是，林崇德也指出，具备本体性知识只是教师教学的基本保证，但不是唯一的，即还需要具备其他层面的知识。

教师的文化知识对于教师教育效果而言有着重要意义，其与教师的本体性只是有着同等重要的作用。

教师的实践知识是指教师在具体的课堂中，面临有目的的行为所具有的课堂情境知识或相关知识。这种知识是教师经验的积累。教师的教学与研究人员的科研活动不同，具有情境性，且在这些情境之中，教师的知识主要是从个体实践而来的。同时，实践知识会受到一个人经历的影响和制约，这些经历有人的打算、人的目的、人类经验的积累等。这种知识的表达有着丰富的细节，并且以个体化语言来呈现。

教师的条件性知识是一个教师能否取得教学成功的保证。一般来说，教师的条件性知识可以划分为三种：学生的身心发展知识、学生成绩评估知识、教与学的知识。

3. 教育观念

教师的教育观念是他们在教学活动中形成的对教育现象的主体性认知，是从自身的心理背景出发进行的认知。一般来说，教育观念包含知识观、教育观、学习观、学生观等。

4. 监控能力

教师的监控能力指的是他们为了保证教学能够顺利实现预期目标，在教学过程中对其进行主动计划、检查与反馈等。具体来说，包括对课前教学的设计、对课堂进行管理与指导、对课堂信息进行反馈。事实上，教学监控能力是教师对其认知的调节与控制，是教师思维反省与反思的体现。

5. 教学策略与行为

教师的教学策略与行为是教师为了实现教学目标，从学生的特点出发，采用各种教学手段展开因材施教。在高校英语教学中，教师的教学策略与教学行为是教师根据不同学生的学习风格与水平差异，创造符合学生风格的课件，采用网络多媒体技术，将自身的教育思想与学生容易接受的方式完美地进行融合。

（三）“互联网+”背景下高校英语教师的素质要求

1. 解读多元文化的能力

在跨文化背景下，教师需要具备对多元文化进行正确解读的能力，具体而言表现为如下三点。

（1）多元文化是一种历史事实

不同的文化具有差异性与多样性，这是人类文化从诞生开始所体现出来的一种客观存在。就历史角度而言，多元文化的差异性与多样性是一个不争的事实。就宏观的世界历史而言，早期有古希腊文化，中国有春秋战国文化、隋唐文化、明清文化等。这些都可以说明，历史时期不同，文化自然也就不同。因此，多元文化是一种历史事实，指的是在一个地域、社会、区域等特定存在的、相互关联的却又具有独立文化特征的几种文化。

（2）多元文化是一种政治诉求

多元文化不仅是一种事实存在，还是一种价值存在，是人们在文化上所秉持观念的展现。多元文化源自不同族群在争取平等的经济、文化权益斗争的结果，是一种对经济、文化等平等的追求。多元文化不仅仅限于文化层面，而是包含了不同民族、不同族群的经济、社会等多种概念。

（3）多元文化是一种思维方式

就哲学意义而言，多元文化体现的是一种思维方式，对多元文化的理解就是对多元文化差异性、多样性的承认，并要认识到所有文化都应该是平等的，彼此之间会产生直接或者间接的影响。与之相对的认识就是对客观世界的认识，人们对其认识不应该从单一的角度出发，而应该从多个视角来认识和理解。多元文化这一思维方式打破了传统的一元的思维方式。

因此，多元文化不仅是一种历史事实、政治诉求，还是一种思维方式。教师应该对多元文化进行正确的解读，从多样的视角对不同文化予以尊重、学习与理解，不能毫无保留地全盘接受社会主流文化，对其他文化全盘否决，应该批判地看待不同文化。因此，教师在对多元文化的解读中，应该持有平等、公正、多元的理念。

2. 以学生为中心的教学意识

在传统的高校英语教学模式中，教师在课堂上占据绝对的主体地位，他们是教学活动的掌控者、组织者，学生是被动的参与者。在这样的教学过程中，教师也不会意识到不同学生是存在差异的。即便教师注意到了这一点，大多数教师也会忽略。

实际上，在高校英语课堂中，所有的学生形成一个多元文化语境，他们来自不同的地区，具有不同的成长背景，这就使得他们有着不同的接受能力、不同的思维方式等。如果教师对所有学生都一视同仁，那么必然会削弱学生学习的积极性与主动性，也势必会导致教学效果不佳。

在跨文化教育背景下，教师应该“以学生为中心”，教师自身的角色也应该发生改变，从原本对课堂的控制者转变为对学生英语学习的辅助者，同时对待每一位学生都应该持有平等、公平的姿态。教师要认识到不同学生的文化差异与多样性，对不同的学生采用不同的方法，使学生成为教学的主体，展现自身的个性，从而更好地在多元的环境中习得英语这门语言。

第三节 高校英语教师专业发展的创新路径

一、提升专业能力

教师要想在跨文化教育背景下提升自身的跨文化意识，首先就需要提升自身的专业能力。具体来说，可以从如下几点着手。

（一）专业引领

当前，我国的高校英语教学在不断革新，先进的理念需要有骨干、研究者的带领，才能促进自身的专业发展。一般来说，教学专家、资深教师等都可以起到专业引领的作用。普通高校英语教师要向他们学习，接触先进的思想与经验，从而推动自身的专业化发展。

1. 专业引领的要求

其一，要发挥专家与普通高校英语教师之间的能动性与积极性。不同的引领人员，所侧重的层面也必然不同。科研专家对教学理论非常注重，因此其在引领上更注重理论与实践的结合。骨干教师注重教学实践，因此其在引领上更注重具体操作。但无论是哪一种引领，他们都需要较高的引领能力，既能够在理论上进行指导，还能够在具体操作中提供建议。对于普通的高校英语教师而言，他们应该配合专家与骨干教师，对他们给予的建议要认真听取，并择优采纳，从而分析与总结自身的教学问题，对自己的教学活动进行反思，提升自身的专业素质。

其二，高校英语教师要保证内容、目标等的正确，采用的方法要恰当。高校英语教师专业发展的总目标在于让他们能够对新知识、新信息予以把握，并且能够在这些新知识、新信息的基础上提升自身的专业素质。不同的高校英语教师存在着个体的差异，因此在专业发展、水平上也必然不同，因此在进行专业引领时，需要考虑不同教师的具体情况，为不同的教师制定与他们相符的方法，从而实现专业引领的合理性与有效性。

2. 专业引领与高校英语教师专业能力发展

从上述分析可知，专业引领对于高校英语教师专业能力发展非常重要，具体而言可以从如下几个层面着眼。

其一，阐述教学理念。就很大程度而言，高校英语教师的教学行为往往会受到教学理念的影响，因此在专业引领中，专家、骨干教师等应该尽可能引导普通的高校英语教师熟悉与掌握教学理念，可以采用讲座或者报告等形式。

其二，共同拟订教学方案。当普通的高校英语教师掌握先进的理念之后，专家、骨干教师应该与普通的高校英语教师共同探讨先进的教学方案。在这一过程中，专家、骨干教师不仅是引领者，还需要对普通的高校英语教师的教学设计提出建议、给予指导，从而让普通的高校英语教师的教学设计更为完善。在专家、骨干教师等的引领下，普通的高校英语教师能够顺利地制订出与教学理念相符的教学方案，并将这一方案付诸实践。

其三，指导教学实践尝试。当制订完教学方案之后，就需要将其付诸实践，从而对教学方案进行验证。在验证时，专家、骨干教师应该参与其中，对教师的教学行为进行记录，从而与具体的方案进行对比，找出差距。在教师结束课堂之后，专家、骨干教师与普通的高校英语教师进行分析与探讨，对教学方案进行修订，从而使方案更完善、更切合实际。

（二）课堂观察

所谓“课堂观察”，是指通过有计划的观察，对课堂的运行情况以及一些细节进行分析与记录，从而改进教师的课堂教学与学生的学习。

与一般的观察相比，课堂观察要求观察者有明确的目的，并借助观察表、录像设备等手段，直接或间接从课堂收集资料，并对收集的资料进行研究与分析。

1. 课堂观察的步骤

课堂观察一般分为如下三个步骤。

在课堂观察之前，首先要对解决的问题予以明确，保证观察的针对性；其次，要根据相关问题对规划予以制订。一般来说，规划的内容包含时间、地点、方式、课次等。如果条件允许，可从具体的要求出发，对观察者进行专门的培训。

在课堂观察过程中，就要采用一定的观察技术手段，从课堂观察之前制定的观察要点与观察量表出发，选择恰当的观察角度与位置，进入观察状态，通过采用不同的记录手段，在技术层面将定性与定量方法相结合。在观察过程中，还需要对典型的行为进行记录，尤其是记录下实际情况与自己的思考。

课堂观察结束后，要对记录的资料、收集的材料进行分析与整理。课堂记录的资料分为两种：一种是定量性质的，另一种是定性性质的。这两种资料所采用的分析手段不同，但是目的却是相同的，即通过系统的分析，对课堂行为间的关系进行了解与把握，解决课堂中存在的实际问题。通过分析与整理，所有参与者最终探讨相关的解决方案。

2. 课堂观察与高校英语教师专业能力发展

课堂观察对于高校英语教师的专业发展有着重要的意义，具体而言表现为如下几点。

（1）课堂观察有助于教师专业发展的实践反思

基于课堂观察的自我反思是教师在教学中做出的并能够产生结果的分析与审视。在反思的过程中，教师将自己视作有见解、有理想、有决策能力的人。这样，教师就会对教学行为、教学计划等进行分析与自评。反思能力的养成是确保教师继续学习的基本条件。在反思中，教师对自己的专业视野加以拓宽，将自己追求超越的动机激发出来。同时，这种观察不仅有助于对自己的教学实践与教学行为加以改进，还有助于不断提升自身的教学水平与教学质量，促进自身的成长。

课堂观察使得教师对课堂生活进行真正的认识，也有助于不断激发教师的自我发现、自我设计。通过自己与同事的观察，教师能够不断提升对自我的认识，不断增强自信心与责任感，由此促进教师批判地、系统地分析自己的教学行为与教学水平，发展自己的判断能力，使自己与其他同行之间相互反省与通力合作，解决教学中存在的现实问题，并通过课堂观察，对自己的教学不足加以改进，提升自身的教学水平与教学质量。

（2）课堂观察有助于加强教师对课堂的驾驭能力

教师对于教室内发生的教学管理、教学行为等，只有进行全面的、系统的观察，才能真正地将课堂中的各种行为记录在内心，保持课程能够顺利地开展，并获得口头的或者书面的评价资料等。因此，对于教师来说，课堂观察是理解与解释课堂事件背后的意义，最为直接的方法，对于教师理解与把握课堂行为，有着极其重要的作用与较高的价值。

教师要想对自己课堂上的表现与行为有着清楚的认识，必须要进行课堂观察，通过课堂观察、课堂行为的分析，教师能够获得更为详细、更多的与自己和学生相关的反馈。在观察中，教师能够发现自己或者其他教师的问题，让自己清楚地认知自己的教学行为。

另外，在课堂观察之后，教师能够与其他教师进行交流与探讨，对自己的教学行为进行反思，对自己的教学行为加以改进，找寻恰当的教学策略，从而积极主动地改进教学中存在的问题。

总之，课堂观察有助于教师对自己的课堂行为、课堂观念有清楚的认识，进而对自己的教学进行自我评价，从而激发自身对专业发展的积极性与兴趣。

二、提高专业发展意识

所谓教师的“专业发展意识”，指的是教师按照教师专业化的要求，对自己专业发展过程、目前专业发展状态、未来专业发展规划的系统化、理论化的认识。教师的专业意识是基于教师的自我意识、职业认同、动机的基础上产生与呈现的，其对于教师素质与能力的拓展起着重要的规划与导向作用。

要想提高高校英语教师的专业发展意识，首先就要掌握一定的方式、方法和策略，这是信息化教学能力培训的中观层面。在这一层面中，高校英语教师的职前培训、教学实践、在职培训、协作交流、自主学习等是最为主要的几个方面。

（一）进行职前和在职培训

高校英语教师信息化教学能力的发展是一个系统的过程，进行职前与在职培训是高校英语教师信息化教学能力发展的重要促进环节，两者是紧密结合的，通过职前培训，可以使高校英语教师系统掌握信息化教学技术的知识和能力，为下一步高校英语教师在高校英语教学过程中运用信息技术打下了坚实的基础。通过在职培训，可以让高校英语教师及时学习最新的信息化教学技术，并可以与更多的高校英语教师进行沟通交流，从而提高自己的信息化教学能力。

（二）传统方式与网络方式相结合

在当今高校英语教学中，利用信息化技术进行高校英语教学时，也不要忽略了传统的高校英语教学方式，要将传统的教学方式与网络方式结合起来进行，教师在教学过程中要与学生进行不断的面对面的交流，不断提高自己的信息化教学能力。随着信息技术的不断发展，人们获取信息资源的渠道逐渐多元化，无论是知识的获取，还是教学经验的分享等都可以通过网络来获取。因此，将传统方式和网络方式结合起来能极大地提高高校英语教师的教学能力，从而促进高校英语教学质量的提升。

（三）自主学习与协作交流相结合

在信息技术教学背景下，高校英语教师要想具备一定的信息化教学能力，就需要通过不断的学习和提高，以适应不断发展和变化着的学校教育。在平时的工作中，高校英语教师可以通过自主学习掌握基本的信息化技术手段，与其他的高校英语教师进行沟通与合作，多参加一些与信息化教学有关的研讨课等，逐步提升自己的信息化教学能力。在面对面协作交流的过程中，要注重提高虚拟的、跨时空的协作交流能力。这对于高校英语教师掌握信息化技术，提高高校英语教学水平具有非常大的帮助。

(四) 技术知识与实践应用相结合

信息化技术知识与能力主要是高校英语教师通过职前培训得到的，但需要注意的是，光掌握信息化技术知识还远远不够，还要具备一定的技术知识与实践应用相结合的能力。通过信息技术的培训，高校英语教师可以在学习中体验和模仿，强化对信息技术知识的实践应用。只有将技术知识与实践应用充分结合起来才能实现既定的学习目标。

信息化教学的技术手段有很多，作为一名高校英语教师，一定要学习和掌握基本的教学技术软件，尤其是对于一些年龄较大，不易接受新鲜事物的高校英语教师而言。在平时的信息化教学中，PPT 演示文稿、多媒体教学软件等都是最为常用的技术，高校英语教师还要利用计算机搜集和掌握一些教学素材，不断提高自己的多媒体技术能力，从而不断提高自己的信息化教学能力。

随着现代信息化技术的不断发展，网络上出现了各种培训课程，其中有关网络技术的培训课程也是相当多的，这一部分课程既有免费的也有付费的，通常都有着较强的专业性，作为一名高校英语教师，尤其是信息化技术教学水平较差的教师，可以多参加一些网络技术课程的学习，从而提升自己的信息化教学能力。

三、促进自主发展

(一) 教学反思

教师的反思被认为是提高教师素养的核心因素，教师反思是立足于自我批判与自我观察的，从而自己发现教学中的不足，改革自身教学的不良行为。同时，通过科学地、系统地分析和研究这些问题来提高教育品质、教学质量和自身素养。下面重点对教学反思的内容与形式加以分析。

1. 教学反思的内容

教学反思主要是对教学理念、教学角色、教学方法以及教学效果进行反思。

(1) 反思教学理念

首先要反思教学理念。理论是行为的先导，成熟理论指导下的教学活动有助于预期效果的达成。高校英语教师应该反思自己的教学理念，用先进的理论武装自己，根据多元社会的要求转变教育理念，从而从思想上为自己的角色转换排除障碍。

(2) 反思教学角色

教师是教学活动的主导者，因此教师要做好课前、课中以及课后的教学管理工作。高校英语教师应该突出学生的主体地位，培养学生的英语综合运用能力，同时培养学生的自主学习观念，才能帮助学生确立正确的目标，激发学生学习的动力，从而努力提高学生自身的自主学习水平。

（3）反思教学方法

有先进的教学理念作指导，如何在英语教学中展现出来，就需要教师对自己的教学方法进行反思。作为课程的设计者、课堂的管理者以及学习的评估者，教师应该对教学方式进行反思和改进。

（4）反思教学效果

根据教学评估可知，教师的教学效果有好坏之分，如果教学效果好，教师应该对教学效果进行反思，从而总结成功的经验并分享给他人；如果教学效果不好，就更需要反思，主动找出问题的所在，在以后的教学中加以改进。对教学效果进行反思，教师主要可以从以下几个方面进行。

其一，积累丰富的经验，善于发现问题。

其二，对问题进行观察和分析，找出问题存在的根源。

其三，重新审视自己的教学方法和教学策略。

其四，通过实践进行检验，用实践来证明反思的效果。

2. 教学反思的形式

教学反思的形式主要有如下三种：记录教学日志、调查与问卷、建立教学档案袋。

（1）记录教学日志

在教学结束之后，教师可以将自己对所教的内容、方法等的感受记录下来。教师记录教学日志的过程也是对自己教学思考的过程，同时教学日志可以作为教师日后进行教学反思的材料。

具体而言，教师教学日志的记录可以从以下几个方面来展开。

其一，对教学过程中问题的质询和观察。

其二，对课堂过程中所发生事情的感受。

其三，对教学活动的有意义方面所进行的描述。

其四，需要思考的问题以及解决问题的办法。

记录教学日志的间隔可以因人而异，如可以一天写一次，还可以一周写一次，还可以一个月写一次。但是，需要注意的是，教师应坚持记录日志，只有这样才能根据日志来发现自己的教学规律以及组织教学的习惯与方法。

（2）调查与问卷

教师可以采取调查与问卷的形式来反思教学。教师的调查与问卷可以就教师自己或同事对教学的认识与看法以及学生的学习兴趣、学习态度、学习方法等情况来展开。教师可以参考其他相关书籍中的调查题或问卷，也可以自己设计一些调查题或问卷。

（3）建立教学档案袋

教学档案袋是一种质性的评价方式，通过要求教师对一个主题下的相关教学资料进行收集整理和不断的分析、反思，从而达到展现教师能力和促进教师专业发展的目的。以下一些方面都可以作为教学档案袋的内容。

其一，教师自己的教学理念。

其二，教学的重点、难点与教学目标。

其三，教学日志。

其四，教学录像。

其五，教学观摩记录。

其六，课堂教学材料。

其七，学生作业样本。

其八，学生反馈。

建立教学档案袋可以帮助教师对自己的教学进行反思，从而促进自身的发展。

（二）行动研究

在高校英语教学中，教师教学能力的提升要求教师应该成为行动的研究者。高校英语教师要从一些实际的问题出发，改变自己的教学方法，在对问题解决的过程中进行自我评价与监控。通过评价，使得教师对问题的理解能够得到改进和修正。

实施“计划—行动—观察—反思”的行动研究过程，目的是对课程进行改善，对教学实践予以发展。在行动研究的过程中，教师承担的角色有多种多样，如自我反省、自我研究、自我实践等。高校英语教师应在对教学活动侧重的基础上展开行动研究，实现“在教学中研究，在研究中教学”。

在高校英语教学实践的基础上进行行动研究，是有助于教学理论与原理形成的一种应用研究，是教学实践者从自己的课堂教学出发，对教学问题进行解决的一种研究。因此，其对于推进教学改革、提高教学效率而言有着十分重要的现实意义和理论意义，研究对象不同，其开展行动研究的步骤也必然存在差异。但是，通常来说，行动研究的步骤主要包含如下几点。

第一，对研究需要调查的问题和情境进行确定。一般来说，行动研究有“当我……时，可能会……”这些研究范式。

第二，对行动研究需要研究的问题加以解释。如果这些问题比较大，那么就可以将其逐渐缩小，采取特殊的收集资料的方法进行阐释。

第三，对于资料收集的背景方法进行阐释。为了能够对这些问题进行全面的了解，可以采用不同的形式进行收集。

第四，通过确证模式或发生的主题来分析资料。

第五，资料分析完成之后，开始实施行动策略，并在实践中灵活地运用这些策略，然后在研究的循环圈中考查这些策略是否有效，不断改进。需要注意的是，教师应对研究所取得成果的模糊性和不确定性做好心理准备。

第六，将研究成果公开发表，并将研究成果呈现给同事和学生。

通常，教学行动研究实施起来比较容易，有助于教师解决教学中的现实问题，提供有价值的实验过程，提高教学效率，使教师与学生享受课堂教学与学习带来的乐趣。

（三）教学日志

日志简单来说就是日记的一种，多指非个人的，一般是记载每天所做的工作。日志通常会对每天所遇到的事和所做的事进行记录，有的只记对这些事情的感受，有时也可不做记录，直接抒发感情。如今，“日志”一词已被广泛运用到各个领域，如网络领域和教育领域等。在教育领域，日志是记录人记录一天学习、生活及专业发展的载体。

教学日志可以理解为，教师积极主动地对自己的教学活动中具有反思和研究价值的经验，进行的持续而真实的记录和描写，并在此基础上对其进行批判的理解和认识，从而不断更新观念、增长技能，促进自身专业发展的一种手段和方法。这一概念表达更加合理，它指出了教学日志撰写的主动性与连续性。教学日志不仅仅是记录教师的日常教学活动，更是教师通过写教学日志给自己提出一些问题。教学日志的写作过程，就是教师反思自己教学的过程，通过写教学日志，教师可以审视自身工作中的不足，进而提出解决问题的方法。在这一过程中，教师的发展必须根植于自身的教学实践，从中获取丰富的材料，并对其进行加工整理，从而反思构建自己的教育生活。

1. 教学日志的内容

大体来看，教学日志可以包括以下几个方面的内容。

（1）教学内容

对于教学内容，不同的教师有不同的理解，主要包括教师教什么，如何教，教学计划执行情况等问题。教师可将教学内容的设计，组织安排，教学中临时应变得当的措施，层次清楚、条理分明的板书，以及教学活动中出现的疏漏之处详细地记录下来，以供教学随时参考使用。

（2）教学理论与教学方法

教学理论是指为了使教学情境更加合理，以便达到教学目标所建立的一套具有处方功能的系统理论，包括某些教学思想方法的渗透与应用过程，教育学、心理学中一些基本原理使用的感触等。在具体的教学中，教师教育者可将教学理论与自己的教学实践结合起来，从中发现自己教学中的问题。

教学方法则包括教师教育者对自己教学方法的反思，也包括对学习者学习方法的指导，如目前流行的教学方法适合哪种课型，自己的教法有何创新，哪种教学方法更有利于促进学习者的学习等。

（3）自我反思

自我反思是教师对自己优点与不足的认识，也是教学日志的重要内容。教师的教学活动中必然有成功之处，也有不足之处，教师在教学中要善于捕捉教学中的灵感闪光点。在具体的教学过程中，师生的思维发展及情感交流的融洽，往往会因为一些偶发事件而产生瞬间灵感，这些“智慧的火花”常常是突然而至的，若不及时利用课后反思去捕捉，便会很快消失。通过撰写日志，可以捕捉、记录在教学过程中产生的灵感、奇思妙想，这样不仅利于未来教学，同时能反思教学中的失败之处及其原因，进而想出补救方法，提出更加切实可行的教学方案。

（4）学习者情况

学习者的学习情况也是教学日志应包含的重要内容，具体包括以下几个方面：学习者学到了什么；学习者在课堂上的反应如何；学习者对本次课堂内容的理解程度；学习者学习本课的积极性和主动性；学习者在课堂上的见解；学习者课堂纪律情况；学习者在教学过程中表现出的疑惑之处；学习者在教学过程中的突发事件。

此外，在学习过程中，学习者会有一些创新的想法和独到的见解，对此教师应给予充分肯定，这样不仅可以鼓励学习者进行自主思考与学习，也能帮助教师从中获得启发，进而反思自己的教学，提高教学水平。

（5）教学评价

教学评价是教学过程中的重要环节，理应成为教学日志的重要内容。具体来说，教学评价包括督导及学习者对课堂教学正面和反面的评价。教学评价为教师提供了一个科学了解自身教学状况的窗口，使其明了自己在教学中存在的不足和今后努力的方向，从而为教师自身的发展提供良好的途径。

2. 教学日志对高校英语教师专业发展的积极影响

（1）教学日志能促进教师教育者专业的成长

教学日志能够促使教师养成思考的良好习惯，在思考的过程中，教师形成自我评价，通过自己与自己的对话更清晰地认识了自己及自己的职业，认识自己组织教学的特点，了解最适合自己的教学方式，帮助自己成长。教学日志的撰写过程也是自我反思的过程，没有反思的经验是狭隘的经验，如果教师教育者仅满足于经验，而不对经验进行反思，那么教学日志的撰写也就失去了其本身的意义。

（2）教学日志可帮助教师提高自身的教学研究水平

教师作为教学的重要组成要素，常年工作在教学的第一线，大多有着丰富的教学实践经验，这为他们创作科研论文提供了最直接的灵感和素材。高校英语教师可以通过教学日志进行反思，对反思中的重要观念和教学策略进行归纳总结。这样经过长期的积累，就会催生科研成果。可见，教学日志本身就是培养教师教育者的反思能力、促进教师教育者专业发展的重要方法，更重要的是，教学日志也是一种研究，是对教师教育者及对教师教育者思维习惯、理论水平的研究。总之，通过教学日志的撰写，可有效提高教师教育者的研究水平，进而可以更好地服务于教学。

（3）教学日志可促进教师之间的交流与学习

教学日志具有公开性与共享性，如果教师本人愿意，自然也可以拿来和同事、专家共同分享。教学日志可以有广泛的读者，包括领导、专家、同事、家长与学习者等。通过领导和专家的反馈，教师可以了解教学中的优点并继续保持，同时可以得到领导或专家的中肯建议；通过与同事进行交流与分享，可以获得更加丰富的教学技巧，积累教学经验；通过家长的反馈，可以了解自身教学中的不足，努力改进；通过与学习者交流，可以更好地了解学习者，在教学过程中做到因材施教。

第七章　高校英语教学的创新与发展展望

第一节　高校英语教学的社会化与个性化

一、社会需求与专门用途英语教学

高校英语教学要达到服务社会的目的，就需要先了解社会需求，根据需求设置目标、内容，培养满足社会需求的英语人才。学术英语应该从新生中开始开设，以信息性较强并有适度的抽象思维的人文科普学术文章为教学载体，培养学生的英语能力。

（一）制定符合社会需求的培养目标

人才培养应主动适应社会发展和科技进步，满足地方经济建设的需要，并以此为导向确定专业人才培养的目标和要求，明确所培养的人才应掌握的核心知识、应具备的核心能力和应具有的综合素质。

（二）制定符合人才培养要求的培养模式

应用型人才既不是纯粹的研究型人才，但是也不完全等同于技能型人才，因此，我们在应用型人才培养的过程中，不能简单地应用我们传统的培养模式对技能型或者研究型人才进行培养，而应有自己特有的模式。在培养过程中，应强调实践能力的培养，并以此为主线贯穿人才培养的不同阶段，做到四年不断线。

（三）制订面向需求的应用型人才培养方案

英语课程的特点是实践性强，学科发展迅猛，新知识层出不穷，强调实际动手能力，这就要求专业教育既要加强基础，培养学生知识获取的自主能力，又要对培养实践应用能力予以重视。从差异化就业市场人才的角度出发，设计“核心+方向”培训项目，构建基于英语基础知识理论体系的专业核心课程，打下坚实的基础，还要对学生未来的发展空间进行考虑。根据就业的方向随时对专业方向进行调整，从而提高学生的适应能力、实践能力和实际应用能力。根据市场需求设置专业方向，突破了按学科设置专业方向的局限，体现了应用型人才培养与区域经济发展相结合的特点，为学生提供了多样化的选择。

1. 培养方案要统筹规范

统筹规范要有国内外同类专业设置标准或规范做依据，统一课程设置结构。课程按三层体系搭建：学科性理论课程、训练性实践课程和理论实践一体化课程。灵活是根据生源情况和对人才市场的调研与分析，采用分层教学、分类指导的方式，保证能对不同层（级）的学生进行教学和管理。根据职业需求和技术发展灵活设置专业方向和选修课程，在教师的指导下，学生应能在公共选修、自主教育、专业特色模块等课程中选修，包括跨专业选修和辅修，但改选专业需按学校有关规定和比例执行。

2. 体现“宽基础、精专业”的指导思想

“宽”是指能覆盖综合素养所要求的通识性知识和学科专业基础，具有能适应社会和职业需要的多方面的能力；而其“厚”度要适度，根据教学对象的情况因材施教，学以致用；“精”是指对所选择的专业要根据就业需要适当缩窄口径，使专业知识学习能精细精通；专业技能要“长”，专业课程设置特色鲜明，有利于培养一专多能的应用型、复合型人才，符合信息技术发展需要和职业需求。

（四）制定“核心稳定、方向灵活”的课程体系

随着英语学科的不断发展，对英语人才也提出了越来越高的要求，因此，课程体系面临不断的更新与完善，既要适应市场需求的变化，还应跟踪新技术的发展，遵循“基本核心稳定，灵活专业方向”的理念，注重更新和补充学科内容，改革教学方法、教学手段和评价方法，灵活设置课程专业化的方向，核心课程应该相对稳定。我们需要灵活应对市场变化，及时介绍专业技术的最新趋势，坚持“面向社会，与IT行业发展接轨”的原则，在建立良好基础的前提下，通过理论与实践相结合，培养解决实际问题的能力，培养学生必要的理论水平和解决实际问题的实践能力。

（五）注重学科建设

学科和科研水平是一所高校核心竞争力的重要标志，但新建院校往往存在学科建设和科学研究先天不足的现象，因此学科建设首先要树立信心，克服畏难和浮躁情绪，扎实稳步推进。同时，还应把握好自身的区位优势，瞄准地方重大战略需求和社会经济热点开展

学科建设，与科研工作形成良性互动。立足现有基础，采取“以信息技术学科群为基础、突出重点、形成合力、凝练特色”的战略，应着重在以下几个方面进行学科建设。

1. 确定学科方向

完善学科梯队结构，按照学科方向进行人员组织，由教师结合自身的研究兴趣确定所属学科方向梯队。培养一支在年龄、职称、学历结构方面合理，具有创新精神、充满干劲与热情、团结合作的学术队伍。在组建科研队伍时，应坚持老中青相结合，并选拔高水平的学科带头人，从而打造合理和相对稳定的学科梯队。

2. 在学科建设中吸收高层次拔尖人才

高校的学科建设要有高层次拔尖人才作为领军人物，作为应用学科的带头人，他们不仅要有坚实的理论基础，还要有工程经验或技术研发能力，以及对应用领域的广泛知识、创新能力和沟通能力。学科带头人的水平和能力决定了该学科的水平和影响力，因此，高等学校和科研机构的学科带头人都要聘请和选拔高层次专业拔尖人才。学校在引进人才的工作过程中，特别是遇到领军人物时，可实施一把手工程，切实解决引进中的问题、困难等。

3. 在学科建设中建立科研开发平台

应用型大学的学科是培养应用型人才，科研开发的基本平台。学科建设是建立人才培养和科研开发的基本单元，因此，学科建设中要建立完善的科研开发平台，包括研究所、研究基地或中心、重点实验室等。

4. 学科建设需要有团队的齐心协作

一个学科除要有学科带头人，还要搭建一支学术梯队，形成学术、科研和教学团队，要根据规划不断调整学科队伍，建立合理的学术团队来确立研究方向、建设研究基地以及组织科研工作，改革教学计划，提高教学水平。

（六）教学模式顺应时代潮流与需求

时代的趋势，即社会发展的总趋势，我们现在正处于信息技术飞速发展的时代，各行各业的出现、发展、衰落甚至消失都与信息技术的发展程度密切相关。教育也是如此。我们应该培养学生在信息环境中的学习能力，鼓励学生积极、自主、合作地学习。培养学生使用信息技术学习的良好习惯，培养他们的兴趣和专业，提高他们的学习质量。信息技术影响着学生在网络环境下提问、分析和解决问题的能力，特别是在“互联网+”的背景下，学生的身心与过去相比发生了巨大的变化，师生关系也将随之发生变化。传统的教学模式已经不能满足学生发展的需要。目前，我国高等职业教育的网络水平也在缓慢提高。在加快办学发展的同时，他们也在教学过程中大力推广和使用网络信息技术，努力增强网络信息技术在教育环境中的优势。然而，通过对当前高等院校课堂教学模式及其教学效果的全面调查和分析可以发现，网络教学模式并没有充分体现其在高校教育中的优势和作用。这种基于网络的教学模式并不要求高等职业教育完全放弃传统的课堂教学模式。这两者并不矛盾。如果现代信息技术能融入传统课堂教学，网络教学就能得到充分有效的应用，吸收两者的优点，克服其局限性，大大提高高校教育的教学质量。

高校利用网络教学的现状大致可以分为两类：第一类是教师利用信息技术媒体在多媒体环境和网络环境中向学生展示抽象而复杂的概念或过程，帮助他们更好地理解和接受这些概念或过程；第二类比第一类更先进，教师在整个学习过程中规划具体的课堂环境，采用项目教学法和任务驱动教学法，与教学内容紧密结合，激发学生的好奇心和学习动机，让学生在网络教学环境中独立探索，相互合作，获取知识和技能。在这一教学过程中，教师起着指导和监督的作用，形成了以学生为中心、以教师为中心的师生交流模式。教师采用第二类教学模式可以充分调动学生的学习积极性，营造良好的课堂气氛，进一步提高教学效果。同时，他们还培养学生探索、实践和使用信息技术的能力，这对提高学生的就业竞争力有着重要的作用。

为了跟上时代的发展趋势，高校院校并没有盲目地通过网络改革课堂教学模式。更重要的是，他们已经看到了网络教学相对于传统课堂教学模式的优势。

1. 资源丰富的教学模式

网络教学的本质是自然教育。教育的核心是以现代信息技术为媒介的教育资源网络。像知识的海洋一样，它拥有极其丰富的信息资源，包括来自各方的想法和观点。还有各种表达形式，如文本、图像、视频和数据库。这些资源有多种形式，并通过图片和文本进行说明。过去，传统教材或教师课堂教学可以转换成电子书、音频材料和视频。此外，许多著名教师愿意分享他们自己的学习材料、讲座、公开课、优秀课程，甚至小到他们自己的教学计划和一切。与此同时，互联网上有许多学习网站通过搭建平台来吸引学习者。例如，新的学习模式——微课，通常持续 5~8 分钟，基本上不超过 10 分钟。教师关注课堂教学中的问题或知识点。内容简洁，主题突出，学习效果稳步提高。微课教学作为一种新型的教学资源，正在慢慢进入每个人的视野，吸引着越来越多的人去学习。

2. 资源开放的教学模式

网络教学打破了传统的封闭式大学教学，能够满足不同类别和层次的人的教育需求。

有了网络教学，分散在世界各地的人们可以在虚拟教室里一起学习和讨论，而不受时间和空间的束缚。他们还可以访问其他相关的知识点或论点，以拓宽视野，拓宽思维，培养开放的思维习惯。此外，由于网络教学不受课堂时间和地点的限制，不同的学生可以根据自己的实际情况和学习进度安排自己的学习时间，从而进一步提高学生的主动性和自主性。与此同时，政府还鼓励高校积极开展有自己特色的网络课程。学校还制定了政策，鼓励教师在网上提供自己的课本、信息和知识资源。

3. 资源共享的教学模式

资源共享的教学模式可以更好地促进教育资源、数据资源、硬件资源和软件资源的共享，让学校的学生可以跨学校选择班级，校外学生通过在线教学获得的学分可以被识别和转换，这有利于学生的个性化发展。此外，在网络教学的影响下，边远山区教学条件落后的学生也可以在教学能力强的教师的指导下，实时了解相关的教育法规和政策，获得丰富多样的教学资源。基于网络的教学打破了学校和国家之间的界限，学生可以决定如何接受教育。

4. 交互性强的教学模式

因为网络拥有丰富生动的信息资源和强大的互动能力，学生可以快速获得他们需要的信息，学生和教师、学生和学生都有机会充分交流和沟通。在网络教学中，在教师向学生解释知识内容的过程中，学生和教师可以深入分析某个问题并相互交换意见。教师可以及时得到学生的反馈，以改进他们的教学方法。借助网络，学生可以通过教学平台与其他研究人员进行交流，以便及时了解他们的进步或不足，并相应地调整他们的学习，从而不断培养他们的能力，提高他们的知识水平。

5. 个性化的教学模式

到目前为止，已经有许多高级教师不再局限于教授学生有限的知识，而是注重培养学生的学习自主性。不同的学生，他们的个性、智力、学习兴趣和学习能力是不同的。传统课堂教学的统一的教材、统一的教学时间表和统一的人才培养计划，难以达到预期的教学效果。教育也应该尊重这种个体差异。高校基于网络的课堂教学模式改变了传统的教学模式，使以教师为中心的教学模式成为以学生为中心的教学模式。通过独特的信息数据库管理技术，学生的学习过程、阶段和个性数据可以被完全跟踪和记录，然后存储，这样教师可以根据学生的差异安排学习进度，选择教学方法和材料，并向学生提出个性化的学习建议。在教师的指导下，学生可以根据自己的实际情况自主选择所需的知识，真正实现个性化教学。

无论我们是继续使用传统的教学模式，还是推广网络教学模式，归根结底，都是为了培养学生的自学能力，激发学生的学习兴趣，帮助学生做出正确的判断，然后快速获得知识和技能。进入社会后，高校毕业的人才能够面对各行各业的竞争，成为有用的人才，不会随着时代的变化而被社会淘汰。在充分利用信息技术设计先进教学条件的基础上，网络课堂教学模式整合了教师的教学资源，基于项目的教学模式分解了教学任务，让学生能够有意识地分组学习，在业余时间或日常生活中，极大地激发了学生的学习和参与热情，增加了学生自主学习的广度和深度。因此，构建多元化的网络职业课堂教学模式势在必行。

二、个性化的内涵

大学英语课程设置要有利于学生个性化的学习，充分考虑到学生入学水平以及所面临的社会需求等不尽相同，要制定科学、系统、个性化的高校英语教学大纲，朝着个性化和自主学习的方向发展，能够使学生选择适合自己需要的材料和方法进行学习。这些提法的核心思想是个性化的学习，以满足学生各自不同专业的发展需求，满足不同层次学生的需求。

如果说学生是英语教育的主体，那么教师的积极支持就是开展大学生英语教育的重要条件。高校要为有创新需求的大学生组建一支具有较高科技水平和专业技术，且拥有丰富实践经验的教师队伍。如果学校有校外合作的企业，也可以邀请企业的技术专家来为学生提供一些实践性更强的专业指导。不断壮大师资队伍的建设，在拓宽现有教师创新思维的基础上，大力引进年轻优秀的教师，保证教师队伍的先进性。

并且，高校必须要确保大学教师的指导作用可以得到充分的发挥。只有具有高水平的教师，培育出来的学生才能有更高的水平。如果在大学生英语教育活动中没有教师进行指导，那么要想使活动顺利进行就显得十分困难了。

高校英语教育要想做到起点高、获得的英语教育成果水平高，就要做到活动中的每个环节都必须经过专业教师的指导和把关。也就是说，高校英语教育队伍必须要以学生为主体，以教师为核心。在培养过程中，要做到使普通学生的受惠面积不断扩大，同时也要培养一批骨干分子，充分发挥骨干分子的带头和示范作用。

在隐性课程中，教师的任务便不再是教书，而是通过自己的职业道德和素养，使学生形成良好的学风。同时，教师对教育事业的责任感以及对学生的关爱也是隐性课程中非常重要的教育元素。所以，教师除了向学生传授知识以外，还要注重对学生英语兴趣的培养。

高校英语教育活动的本质是创造性解决问题的方法和不断探索的精神，它要求学生可以主动地去求知、主动地去参与、主动地去探索，同时还要培养团队意识和合作精神，最主要的就是在不断解决问题的过程中，使应变素质、创新意识、创造能力得到进一步的培养和提高。

第二节　金课建设对高校英语教学模式的新要求

一、金课建设的时代背景

近年来，我国掀起了教育改革的热潮，许多学校都根据其自身特点，进行了一定程度的教育改革。也正因如此，涌现出了大量比较新颖的英语写作教学方法和教学理念，教育制度也随之不断发生着变化。只有对学校自身具有的资源条件进行充分、有效的利用，学校教育才能够得到更好的发展。从目前的情况来看，全国各地的学校强化英语教学的主要方式就是学生思辨能力的建设。只有能够有效应用到实际教学当中，思辨能力体系才算得上是比较完整和成熟的，才能够解决英语写作课程中遇到的一系列问题。反之则有可能会将教学工作复杂化，甚至会给教师和学生带来很大的困扰。

随着社会的不断发展，计算机、互联网也得到了飞速发展，人们的观念也发生了很大的改变，开始摒弃以往传统的、枯燥的教学方式，更加注重学生能力的提高，使学生的英语知识更加丰富，英语学习方面的整体素质也得到了很大的提高。可以说，学生英语能力的提升和思辨能力的培养是相互促进、相互补充的。

课程是人才培养的核心要素。高校要培养“一精多会”“一专多能”的国际化复合型人才，也就是要培养精通一门外语、会用多门外语沟通交流、掌握一种专业、具有多种外语能力的复合型人才。大学生英语能力培养是人才培养中不可或缺的一个部分，建设高校英语金课迫在眉睫。要做到这点，首先要淘汰“水课”，打造“金课”。什么叫“水课”？“水课”就是不负责任的、低阶性的、陈旧性的、不用心的课。而“金课”的标准为高阶性：知识能力素质的有机融合；创新性：一是课程内容有前沿性和时代性，二是教学形式体现为先进性和互动性，三是学习结果具有探究性和个性化；挑战度：课程具有一定的难度。

二、专题论坛的主要内容

首先，教材的把握要充分进行需求分析，一是从新一代大学生的所思和所需出发，二是要从教师的教学发展需求出发，进行教育教学环境分析。其次是进行教学目标的确立。关于教学目标，从宏观上来讲，高校英语教学的宗旨就是全人教育，对学生进行能力、知识和素养等全方位的教育。从微观教学环境来看，是对课程和教学单元的具体分析和把握，首先是对于课程目标和教学内容的呈现顺序，其次是教学模式的选择和呈现形式，最后是对学生学业的监督和评估。最后一个阶段同样是教学环节的重要一环和升华阶段。在教学评估中注意遵循科学合理的形成性和多元化的评价模式。

三、关于教学设计的思考

（一）教学理论支撑

1. 产出导向理论

产出导向法，注重输出驱动，其具体流程如下。第一，教师呈现交际场景：场景具有交际性，话题具有认知性和挑战性。第二，学生尝试完成交际活动：让学生意识到自我语言的不足，产生学习欲望。第三，教师说明目标和产出任务：使学生明确交际、语言和策略等多维度的学习目标，使学生清楚产出任务的类型和内容。第四，课后习题：帮助学生在内容观点、语言表达、语篇结构等方面进行积累和提升，为学生完成单元产出任务提供必要的内容、语言和结构支撑。

2. 系统教学设计理论

系统教学设计理论是一种意义学习教学设计理论，它非常重视学习者认知结构中原有知识的关键因素。系统化教学设计是基于具体教学目标的一种教学设计，教学设计者要回答三个基本问题：我们要到哪里去（教学目标是什么）？我们怎样到那里去（需要有什么样的教学策略与媒体）？我们如何知道是否达成目标（如何检测、如何评估与调整教学）？

系统化教学设计理论要求：首先确定教学目标，让师生都知道“今天要去哪儿”。系统化教学设计强调要根据教学目标设计课堂教学策略，以便有效组织和管理好课堂教学。其次是要求在课堂教学结束后，对课堂教学做出评估，以便检验课堂教学效果，及时调整课堂教学策略，即检验教学目标达到的程度。最后是对整个课堂教学过程精心设计，每一步都环环相扣，并且非常注重最终结果，即关注学生最后的学习效果。

3. “五星教学原理”（首要教学原理）

“五星教学原理”，又称“首要教学原理”。“五星教学原理”的主旨是要在循序渐进的问题情境中向学生讲授知识，包括一些事实、概念、程序或者原理性知识的传授。其中，聚焦问题也就是向学生交代教学目标，让学习者知道在完成本课学习后能解决什么问题，接下去的教学设计都是围绕第一步的问题而展开的，可以说确定教学目标是整个教学设计的灵魂。

（二）教学设计理论的指导作用

高校英语教师在进行教学设计时，首先就要认真分析本单元要求学生接受教学后应该展示一些什么行为，做到上课时“心中有数”，而不是“无的放矢”；其次是要激活原有知识。根据加涅的信息加工理论，只有将新知与从长时记忆中提取的旧知结合，才能进行信息编码，最终形成长时记忆，也就是学生才能真正掌握知识。由于语言是文化的载体，要掌握好一门语言就必须了解该语言所承载的文化。

四、解决英语课堂问题的途径

现在，新课程改革越来越深入，如何改善课堂问题、如何提高课堂效率成了现在的重要问题，对此我们必须实现课堂高效化，并解决课堂问题。为此提出以下措施。

（一）发挥学生的主体作用与教师的引导作用

每位教师要根据改革内容进行备课，最好是结合每位学生预习的建议，以及教师的教学经验来备课，充分发挥自己的引导作用。在上课前一天了解学生哪些题不会做，哪些题通过自学可以解决，并通过自己的经验标出难点、重点以及易错点，并引导学生进行学习。

1. 问题解决活动的组织者、促进者

作为问题解决活动的组织者、促进者，一方面，教师应避免简单地“给出”问题，并通过各种途径让学生“被迫地”做出回应的做法，而应努力调动学生学习的积极性，让学生感觉到解决问题的需要，并积极承担问题解决的责任；另一方面，教师必须缜密地计划和组织学生从事问题解决的活动，合理安排独立思考、全班讨论、分组工作的时间，以及教师的作用。教师还要善于在恰当的时候发挥激励作用。这即是，当学生独立工作取得进展时，给予及时的肯定；当学生暂时停滞不前时，给予充分的理解和支持；当学生出现错误时，鼓励学生通过自评和他评弄清问题所在，并对如何纠正错误进行分析。

2. 问题解决过程的监督者、调控者

问题解决活动模式表明，学生从事问题解决活动通常不是一帆风顺的，任何一个阶段都有可能碰到新的疑难或问题。而教学的时间是有限的，为此，教师要做出全面的规划，包括如何分配教学资源、如何调节和控制问题解决的过程。就教学资源而言，教师要事先考虑解决该问题时学生所需的时间范围、学生要付出多大程度的努力、教师应提供何种类型的帮助和鼓励、教室空间如何布置、需要提供哪些设备与材料、如何分配这些设备和材料，等等。

在学生从事问题解决的过程中，教师要充当好监督者的作用，督促学生对自己解决问题的活动进行监控，留心活动的进展及出现的各种状况，遇到困难和错误及时想办法解决。在发现学生讨论的焦点偏离问题解决的主题时，教师应调整谈话的方向，不是发出指令，而是通过问题引导将学生的话题转移过来。例如，可提出这样的问题：怎么样？碰到什么问题没有？目前进展到何种程度了？现在在做什么？能否将眼下的工作清晰地描述出来？为什么要这样做？能起到什么样的作用？这看上去是否合理？如果不合理，应该怎样做，等等。事实上经常向学生提出这样的问题还有利于提高学生自身的“调控”能力。为了保证问题解决活动的顺利实施，教师还要对学生在问题解决过程中可能遇到的各种问题进行全面评估，制定补救措施。

3. 问题意识的培养者和促进者

“问题解决”教学的起点就是培养学生的问题意识，即发现问题、提出问题的意识，因为问题意识是创新的动力和源泉，是学习新知识、获得新观点的生长点。在“问题解决”教学中，教师不再像一般教学活动中那样，把没有争议的定论教给学生，而是本着“提出一个问题往往比解决一个问题更重要”的观点，鼓励学生质疑，提出自己的问题。

在传统教学中，学生习惯于被动接受教师所讲授的内容，为改变这一习惯，我们采用讨论和实践的方式激发学生提出自己的观点，培养学生的问题意识。讨论就是让学生对已有的结论、课堂内容或课外材料大胆地进行评价鉴赏，发表自己的见解，努力阐明理由，鼓励学生自己去发现有讨论价值的焦点问题，在小组中展开讨论探究。实践是让学生对有实验操作内容的章节或学习进行模拟，进行实验操作，在具体的体验过程中让学生发现问题，就问题展开讨论。在经过一段时间的训练后，教师要鼓励学生在讨论和实践过程中发现问题，提出问题，并尝试解决问题，这是问题意识培养的关键。

4. 问题情境的设计者和指导者

在“问题解决”教学中，提高学生的“问题”意识，使“问题”贯穿在整个教学中至关重要。但并不是每一个学生都有“问题提出”的自觉意识，因此，在教学中，问题情境的创设是一个非常重要的环节。在此过程中，可通过给学生呈现带有激发性的教学材料信息，引起认知冲突，诱发质疑猜想，引发学生的探究欲望。在“问题解决”教学活动中，教师的职责已经不可能再是单纯地传授知识，教师的主要职能由“教”变为“导”。

（二）注重学生英语知识的汇总

教师们要注重引导学生把这一周甚至这一个月学的知识联络起来，把新旧知识整合到一起来传授给学生。让学生学习到新知识的同时，还复习了以前的知识，这样会加深学生对新旧知识的理解，更有效地解决掉英语问题。这样也方便学生自己建立知识体系，提高课堂效率。

（三）分析与解决英语问题时注意的问题

分析与解决英语问题时，注意精心选择学生提出的问题，鼓励学生大胆猜想和运用直觉去寻求解题策略以及广泛地应用分析、综合、特殊化演绎、归纳、类比、联想等各种思维方法，教师与学生共同讨论解题思路，引导学生积极主动地探究问题：从情境中质疑探究提出问题；在解决问题的过程中去思考、发现相关的问题；在问题解决之后将已经解决的问题作为新的英语情境，经过反思质疑，再提出更深层次的问题。同时，在强调英语应用的多样化、重视提取应用情境中的英语信息的前提下注重创设与学生实际生活密切相关的应用性英语情境；在加强对应用情境的因素与结构进行分析的基础上创设新的应用性英语情境。

（四）教师要认清自己的教学位置

教师应该根据学生提出的问题提出一点思路，让学生根据这个思路探究问题，让学生自己来解答问题。这样的效果比教师直接告诉学生答案好很多。试想，如果教师们只是一味地将自己的知识讲授给学生，却不注重学生学习的感受以及学习的主动性，那么英语课堂就丧失了学习的效果。

（五）教师要提高自己的教学素养和质量

教师应该注重自己的教学质量，课件和板书固然很好，但重要的是学生的思路要展开，并且要注意课堂秩序。让每个学生都认认真真地听课，不重复讲课，学生在每节课都应该表现出最真实的态度。

（六）在学生活动中需注意的问题

教师应该为学生提供一个轻松愉快的气氛、生动活泼的场景和从学生的已有经验出发的问题情境；引起学生对结论迫切追求的愿望，将学生置于一种主动参与的位置；鼓励学生大胆运用直觉去寻求解题策略，必要时可给一些提示，并适当延长时间讨论各种成功的解法，如果可能的话，与以前的问题联系起来，对问题进行推广，概括出一般原理。

（七）激发学生的学习兴趣

对于学习而言，兴趣是最好的老师，尤其是在英语学习方面，因为大多数是在课堂上来学习英语的，如果没有兴趣，不管教师教得多好，学生的学习效果都不会得到提高。因此，对英语学习的兴趣直接影响英语学习的成败。学生对英语学习的兴趣主要来自学习英语的目的、学习活动本身及其带来的信心和成就。具体来说，如果英语教师想激发和培养学生学习英语的兴趣，可以从以下两个方面努力。

1. 了解和鼓励学生的进步

教师若想培养学生对学习的兴趣，要善于发现学生的进步，并且及时给予鼓励和表扬，提升学生的自信心和成就感。对于学生而言，学习效果可以在很大程度上保持他们对学习的兴趣，即使在短期内的成绩看不到显著变化，教师的肯定也会使他们增加自信心。在英语教学中，教师通过奖励、任务、荣誉、信任和情感来鼓励学生取得进步，可以促使学生积极参与、大胆实践，体验成功的喜悦。在这种环境下，学生对学习的兴趣就逐渐培养了起来。

2. 激发对教材的兴趣

现代教育理论认为，教育是一种创造性的活动。课堂教学是教师展现个性的过程。当前的教育理念强调教师要树立特色意识，张扬个性。其实，强烈的教学个性风格是成功教学的一个标志。教学有法，但无定法。教学方法的大忌是单一化、模式化、公式化。和尚念经式的、一成不变的教学，是培养不出有创造性的一代新人的。

因此，在教学过程中教师应该以引导者与组织者的身份去帮助学生，使学生能够充分地利用教材为自己的学习提供服务。“用教材教”的过程是一种建构过程，教师应当结合自身实际和学生的具体情况进行突破和创新，使课本上的知识“活”起来。针对学生的心理特点和已有知识，对教材进行科学的和艺术的处理，进行教法上的编排、设计和加工，避免组织形式的模式化。

（八）综合实践过程中需注意的问题

学生的探究过程是一个严肃的科学研究的过程，这是培养他们科学精神、科学素养的最佳机会，教师要充分把握这样的时机对他们进行科学教育。第一，在英语探究过程中，教师应教会学生查询资料、收集信息、阅读文献。第二，教师还要让学生养成独立思考和勇于质疑的习惯，同时也要学会与人合作，建立严谨的科学态度和不怕困难的顽强精神。要求学生书写研究报告，记录原始资料，培养学生的综合能力。

第三节　高校英语教学的发展

一、高校英语教学发展新趋势

（一）建构具有中国特色的英语教育体系

虽然我们在基础教育改革、高校英语教学改革、英语专业教育改革等方面取得一定成绩，近年来的基础教育课程改革正轰轰烈烈地进行，取得了理念上、方法上的可喜变化，但同时新课标所倡导的培养语言应用能力、任务型教学方法、过程性评价等与我国目前大多数地区所采纳的以知识传授为主、大班教学、中/高考评价体系等都存在矛盾，因此还存在许多问题值得我们探讨。改革过程中所出现的课程设置、教材评价、师资培训、教学质量等方面的问题也要求我们立足我国国情，建构英语教育体系应该坚持本土性、多元性、发展性原则。所谓“本土性原则”是指建构英语体系时应立足于我国英语教育实际，所进行的教育教学研究、所主张的师资培养、人才培养模式等都要适合我国国情，符合我国英语教育教学特点，有助于我国英语教育的发展。多元性就是说英语教育体系所建构的研究范式、教师教育模式和英语人才培养模式具有内容和形式的多样性。发展性原则强调以终身教育观为依据，结合不同层次英语教育改革的需求，注重教育目标的时代性、教育内容和形式的开放性。任何宏观或微观的研究都将随着社会需求、外部环境、个体差异等因素而变化。英语教育体系的框架则从英语教育研究、教师教育和人才培养三个维度建构而成。

这表明英语教育理论研究旨在对我国英语教育教学进行理论探讨；英语教师教育旨在提升教师的学习与教研能力，培养合格的英语教师；英语人才培养强调在教育实践中达到培养创新人才的目标。英语教育理论的研究成果通过教师在教学实践层面予以监测和反馈。

（二）呼唤具有中国特色的英语教学理论

要建设“具有中国特色的英语教学理论”，就需要对国外相关理论，尤其是第二语言习得理论进行认真学习和消化才有坚实的基础。虽然我国的英语教学理论在过去几十年里已经对国外的理论进行了引进、消化和应用，但由于中国的语言教学对象、语言教学环境、学习英语的目的以及特殊的教育体制等都要求中国的英语教学实践需要自己的教学理论的指导，也只有建立在坚实的调查研究和实验基础上的英语教学理论才有真正的说服力和生命力，才能消除主观影响，更加客观和理性。其中的重要课题有：

1. 本体论研究

语言的本质是什么？语言学习的特点是什么？英语学习与母语学习的本质差别是什么？影响英语学习的重要因素有哪些？它们之间是一种什么样的关系？在语言学习过程中有多少先天因素和后天因素的影响？语言习得机制是否真的起作用，作用有多大，它是如何起作用的？尤其要关注影响中国人学习英语的重要因素，研究它们对英语学习的影响程度和方式等。

2. 实践论研究

需求分析、课程设计、材料准备、课堂教学、过程评价等都是需要研究的课题。每一项还包括丰富的内容，值得认真探讨，不断开发。

3. 方法论研究

要站在更高层面对教学法进行研究和试验，探讨英语教学方法与英语教学目标的关系。要充分考虑诸如学习者的个体差异、环境条件，并及时吸收相关学科最新研究成果。但不能生吞活剥，盲目照搬。

4. 教育研究

一切教学质量的高低，归根结底是教师的素质问题。英语师资队伍的质量高低将决定英语教学研究水平。教师教育研究必须摆到一个重要的位置上。不仅重视师范教育的研究，更要加大力度研究职中教师教育问题。

（三）建构中国英语教学法的理论框架

英语教学不同于第二语言教学，中国学生掌握英语的过程特性是以有意学得为主，自然习得为辅。英语教学中要适当重视语言知识学习，培养学生的学得能力；强调语言结构与功能并重，语言学习与文化知识获得并举，语言认知与学习情感培养兼顾。

英语教学是一个立体系统。英语教学是由教学主体（学生）、教学客体（目的语）和教学环境构成的三维体系。教学观点是英语教学法的主导层次。要在教学观点层面帮助教师去创建、选择、运用教学模式和教学技巧的能力，不可用处方式的条款来束缚教师的创造性。

四层次的教学原则，从低到高依次为：教育原则、普通教学原则、英语教学原则、语种教学原则。

教学技巧的制约点与两个层次：教学技巧制约与社会结构和思想体系的关系，区别于原则性技巧与操作性技巧，并提出了“裁缝”“滚雪球”“发酵”“迂回”“反当”五大教学策略。

德育与师生关系：德育教育活动分“灌输式”和“启发式”两种；师生关系中要突出两者的相互作用以及学生的教师教育作用和自我教育作用。

二、多元文化理念下当代高校英语教学的改革

（一）多元文化下高校英语教学理念的改变

1. 大学公共英语与专业英语的教学互动

长期以来，我国高校的英语教学就分为两个部分：大学公共英语与专业英语，前者一般由大学英语部负责，后者则由英语系来承担，相互之间不仅联系较少，而且工作的职责也有明显的不同。大学英语部的教师通常以公共英语教学作为主要的工作，重点在于训练非英语专业学生的听、说、读、写、译的能力，以便能够通过国家的四、六级等考试。由于繁重的教学工作，大学英语部相对于英语系来说，科研成果要少得多。高校的外国语言文学一级学科和英语语言文学二级学科大都设在专业英语和专业英语系（科）中。无论是课程设置，还是教材的选用，大学公共英语与专业英语都有着明显的不同。大学公共英语与专业英语之间这种分离的现象是非常普遍的。可以说，这一分离在我国基础英语教育还较为薄弱的时期是完全合理的，针对不同的教学对象采用不同的教材、设置不同的课程和采取不同的教法也是无可非议的，而且传统的分离教学毕竟为我国培养了大批优秀的专业人才，这些人才已经成为我国各个领域里的中坚力量。

然而，在经济全球化和文化全球化浪潮的猛烈冲击下，语言全球化的趋向也越来越明显，英语几乎成为大多数非英语国家的第一外语。我国国民的整体英语水平相对于改革开放以前，有了极其显著的提高，尤其是在发达地区和高校云集的中心城市。我国高校英语教学对象自身素质的变化就必然会要求教学方式的改革，而从大学公共英语与专业英语的

分离走向融合，即公共英语教学的专业化与专业英语教学的公共化，则是一条理想的改革途径。

所谓“公共英语教学的专业化”就是指大学公共英语的教学方式可以借鉴专业英语的教学模式，除了语言技能的训练以外，还应该用英语开设知识性和研究型课程，就如同专业英语开设的英语语言学、英美文学、西方文论、英语研究方法论等课程一样。当然，不同之处主要应该有三点：一是教学对象的不同，不是面向英语专业学生，而是面向学校非英语专业的学生；二是教学目的的不同，不是仅仅以提高语言技能为目的，而是以提升学生的研究能力和扩大知识面为主要目的；三是教学内容的不同，不只是开设语言文学类型方面的课程，而且还应开设相应的文化类型的课程，或者针对不同的学科开设对国外同类学科的介绍课程，比如可以为法学院的学生用英语介绍国外各名牌大学的法学学科的发展状况等。

至于专业英语教学的公共化，这里主要是指一些英语专业的非语言技能训练的课程可以面向学校其他专业学生开放，甚至非英语专业的学生可以与英语专业的学生同堂上课。这样不仅有利于非英语专业学生知识面的拓宽，也可以促进英语专业学生思考问题视角的多元和思维方式的丰富。例如，一个医科专业的学生或一个心理学专业的学生，与英语专业的学生一起同堂阅读莎士比亚的《哈姆雷特》，恐怕感受会大不一样的。这种不同阅读感的交流无疑对英语专业的学生是非常有益的，因为理工科、医学或者其他文科类的学生的思维方式与英语专业的学生存在一定的差异，可以起到互补的作用。

当然，在实现公共英语教学的专业化与专业英语教学的公共化过程中，肯定会出现大量的问题，甚至还会遭遇到来自各方面的反对。因为，这一进程将从课程设置到教材的编写等很多方面改变着我们传统的教学观念和已经习惯了的教学和人才培养方式。

在课程设置方面，我们可以采用多元化的授课形式，把教师讲授、课堂讨论、学术讲座和学生自主学习结合起来。诸如视听课程就可以由学生自主学习，实行零课时设置，文学作品的阅读课程可以是学生自主阅读和教师辅导相结合，一些知识性课程可以教师讲授为主，而研究型课程则可以课堂讨论与讲授相结合。把注重教学过程的管理与注重教学结果的考核相结合，目的在于提高学生的整体素质。

2. 从语言工具论到语言存在论

长期以来，语言学界往往把语言看成是“人类最重要的交际工具”。直到20世纪中后期以后，国内外的理论界才开始深刻认识到，语言不仅是人类交际的工具，也不仅是人类文明成果的载体，而是具有主体性的“独立的存在”。无论真理或历史，主要都是以语言文本的方式存在着的，有语言，才有世界。不仅是“人在说话”，而且语言思维能够控制着人，即“话在说人”。人的存在实际上就是语言的存在，人的本质也是语言的本质，语言成了人的“存在之家”，“我们居住在语言的家园之中”。

尽管如此，在我国英语教学界，目前语言工具论的思想依然指导着我们的各项工作。任何一位英语教师都会强调英语教学的最终目的是培养学生的英语交际能力。当然，这里所说的交际能力不仅是一种说话能力，而且还包括书面的，即阅读和写作，甚至是一种综合素质的体现。

无论如何，语言工具论的思想、英语作为交际工具的观点在这里是显而易见的。从交际表层来看，作为一个中国人要掌握一门自然语言——英语，语言工具论的思想是无可非议的。

然而，对于我国高等学校的英语教学来说，尤其是对于那些名牌大学而言，英语教学仅仅立足于语言工具论的基础上，又是明显不够的。虽然学习一门外国语不是一件简单的事，甚至也许我们没有一个人能够说自己掌握好了英语。语言应该是终身学习的对象，哪怕是汉语，作为一个中国人也不敢说自己掌握到家了。但是，作为高等学校，特别是以科研型为主要特征的大学，变语言学习为语言研究又是必然的。而开展语言研究显然就要从思维的层面上重新认识语言，走出语言工具论的传统观念，从语言存在论的视角来重新审视语言。

从思维深层来看，语言无疑是人类思维的主要载体，也就是说，人类思维主要是语言思维，语言活动可以说是人类进行思维活动赖以依存的一种主要方式。高等学校语言学专业的学生，自然包括英语专业的学生，应该把语言思维研究作为相当重要的任务，在研究中促进对语言的深层把握，从而更加全面地提高自身的综合素质。人类自从具备独立的思维能力以来，就存在着各种各样的思维方式。要是进行一个简单的归纳，最基本的思维方式大致有两种，主要是指科学思维和艺术思维。艺术思维方式不同于科学思维方式，它更注重对客观现象本身的整体把握，并不努力揭示复杂现象间的共性，而是区分出它们之间的差异、个性，从而探讨这些现象产生的非规律性和偶然性。艺术思维方式的载体是艺术的语言，也就是诗性的语言。这也是语言学专业学生所要重点探讨的语言，正因为如此，我们才通常把语言与文学联系起来，把英语学科称之为英语语言文学学科，英语学科称之为外国语言文学学科。具体地说来，我们不仅要掌握与英语国家人们交际的语言工具，而且还应该通过了解英语国家的文化，包括文学艺术、经济、法律等，探讨他们的思维方式，从更高层次上把握我民族与他民族之间的文化差异。

在全球化浪潮的猛烈冲击下，英语作为一种主要的交际工具，已经成为经济全球化的主要媒介和载体。同时，经济全球化的进程也促使英语在全球范围内的传播与应用。然而，这仅仅是交际表层的发展趋向。其实，如果深入到语言思维的层面，我们还可以由探讨人与人、人与世界的关系转向人与语言的思维关系。真理不只是与事物的相符或主客体的一致性，而是一个发展过程，一个存在不断敞开的过程，语言则是这一过程的实现者，语言说出存在，既说出此时的现实存在，也回顾着逝去的历史存在，还能够预示着未来存在。人类只有“不断穿过语言的家园”，才能达到存在。因此，在人与客观世界之间存在着一个语言的现实，这个语言的现实使得我们生活的世界存在起来。英语专业的学生应该研究的就是这种语言的现实。用语言思维代替自然思维，用语言哲学代替意识哲学，这是20世纪后半期西方学术界理论研究的发展留下的运行轨迹。

（二）多元文化下高校英语教学培养目标的改变

1. 明确母语文化和目的语文化的定位

高校英语教学的内容要以母语文化为基础，这是学生在跨文化交际中的立身根本。但在高校英语的课堂进行母语文化教学，超出了高校英语教学的要求，也不是高校英语教学单独可以完成的。因此，在高校英语教学中的母语文化内容，以母语文化内容的英译即如何表述母语文化内容为主，同时进行母语文化与目的语文化的对比。

高校英语教学中要涉及其他文化的内容。英语已经是一门公认的世界通用语。在这种状况下，数百万学生学习英语，把它作为全球性的国际交流语言。就拿中国的亚洲邻居来说，印度、新加坡都通用英语，日本、韩国、马来西亚的英语普及率也很高。全球化的今天，英语已不仅仅被用来与以英语为母语的人士交往，大学生还可能使用英语与来自其他国家的人士交往。因此，高校英语教学的内容在新形势下还必须扩展，但限于高校英语的课时和课本的容量，所以这一部分内容可以作为选修、泛读，或课外阅读的内容。

高校英语教学中目的语的文化学习是重点。学习目的语文化是掌握目的语所必需的，同时学习目的语文化能让大学生意识到自己的文化身份，这也是学生建立文化身份的途径。只有在学生深入了解目的语文化的基础上，学生才能更深刻理解母语文化。同时，学生才能理解中国历史和文化是整个世界历史和文化的一部分，学生才能理解自己不仅仅是中华文化的传承者，也是世界的一分子，是世界文明的延续者。他们不光要知道中国几千年的历史，也要了解世界几千年的发展。这也正是英语教学的桥梁作用。不是让中华文化与西方文化对立起来，或者简单地以民族自豪感取代文化交流中自由和实事求是的态度，而是让学生明白母语文化和目的语文化不是分隔和对立的。要能从不同的历史和文化中吸收养分，让学生成为跨文化人。

2. 让大学生达到和具备三个层次的程度和能力

第一层次，让学生能自如地表述自我和母语文化，具备用英语表述母语文化的能力。对西方人来说，中国人和中国的文化都是“文化上的他者”。那么，如何避免西方将中国的民族文化和民族自我淹没在西方式的话语中，就必然依靠中国人对自我文化的阐释和表述。就如著名的导演张艺谋，他对母语文化的大胆表述为他赢得了国际声誉，大学生就要像他那样，用西方人能够理解的方式表述自我以及自己的母语文化。

第二层次，让学生能够深刻理解目的语文化的深层内核，具备对目的语文化的理解能力。对学生来说，目的语文化也是“文化上的他者”，如何避免将目的语文化“他者化”，如何避免文化障碍，是大学生学习的主要目的之一。

第三层次，也是终极目标，使学生成为跨文化的人。因为学生所具有的他者身份，可以有意识地与目的语文化价值观保持距离，可以从他者的视角来审视目的语文化，指出西方人习而不察的对他者的冷漠，不但可以令西方人反省自己的文化，也能为自己争取到话语权。同时，学生的他者身份，也为自己提供了一个认识自我的参照，从他者的角度看母语文化会让学生进入反思自我的旅程，学生能重新认识习以为常的社会。跨文化人可以使学生能够以他者的眼光观察母语文化和目的语文化的社会、历史、价值观等。他者的优势就是“旁观者清”，“只有旁观者能综观全局”。通过这样对文化的观察，学生学会反思两种文化模式，重新审视两种文化中的社会价值观，能够更深刻和批判性地认识自我。同时，在这一过程中，学生能建立文化身份，弥合西方与东方，他者与自我。大学生就应该能够从边缘的视角审视两种文化，弥合起两种文化，从两种文化中吸收养分。

在人的身上，没有哪一样东西比语言更能包容起整个族类。语言具有把各个民族分隔开来的特性，但也正是这种特性，使语言得以通过不同话语的相互理解，把个人差异统一起来，同时并不损害他们的个性。人类所付出的许多努力，都不能充实心灵。如今，通向成功的钥匙掌握在人所固有的语言之中。学习母语或母语文化并不仅仅是让大学生通过考试或者应付日常生活，而是要让大学生能够拿起汉语或古汉语的书籍与自己的祖先对话，汲取先哲的智慧。当学生拿起一本英文著作时，就可以与西方文明中的智者对话，进行思想的碰撞。通过他者的角度，看到母语文化的优势与弱势；从他者的角度，审视目的语文化。大学生能够成为跨文化人，在两种文化中搭起一座桥梁，使母语文化在面临西方文化的挑战时，不至于成为一个曾经辉煌但逐渐逝去的堡垒，而是在继承中，在两种文化的交流发展中，重新焕发光彩。

三、21 世纪高校英语教学的发展展望

（一）结合专业的教学方向

在我们开设大学英语这门课程时，有必要反思为什么要教和学。长期以来，我们往往只停留在学英语的层次，却忘记了大学英语教学的更重要的目的之一在于要学会运用英语这个工具去学习和掌握与本专业相关的知识和技能，也就是“结合专业用英语学”。

充分利用国内现有的资源，发挥各高校大学英语教学部或英语专业系科的作用，开设 ESP（English for Special Purposes，简称 ESP）课程，进行 ESP 教学实践，开展校际、校内部门之间、教师之间的合作教学和研究。除此之外，建议中国大学英语教学委员会、中国英语教育研究中心等机构利用自身的优势，通过与各高校的科学系科、校外的企业合作，定期为全国的 ESP 教师举办 ESP 培训或 ESP 研讨会，进行学习、交流，提高目前正从事 ESP 教学教师的理论和实际水平。

（二）融合国际理解教育的教学内涵

1. 高校英语教学目标与国际理解教育目标的融合

国际理解教育的目标主要是四个方面：一是国际理解知识，二是国际理解技能，三是国际理解态度，四是国际理解视野。四个方面相互结合和交融，最终实现在国际环境中“学会生存”这一终极目标。其中知识和技能是前提，国际理解态度则是在此基础上培养而形成的，而国际理解技能又是其中最为关键的一环，要培养所谓“国际理解视野”和“国际理解态度”，一个基本的前提条件就是要解决和他国人沟通、交往的语言问题。如果不掌握英语，没有应用英语的能力，就不可能真正地实现国际理解和国际交往。

高校英语教育的目标与国际理解教育的目标不谋而合。高校英语的教学使命已突破了传统的知识和技能的角度，突破了学生个人发展的角度，突破了狭隘的民族性，而是教育学生将自己的个人发展和国家的利益以及全人类共同生存的命运连接起来，充分发挥高校英语教育“人文性”特点、教化功能以及国际合作功能，真正达到国际理解背景下民族性和国际性的统一。

2. 大学英语课程内容与国际理解教育的融合

作为大学英语课程的固化形式，我国大学英语教材一直包含着国际理解教育的内容，如介绍英语国家的国际地理、历史人物、科技发展；介绍英语国家风土人情和文化习俗以

及英语国家的文学、艺术、教育、政治和经济等领域的信息。虽然这些选文广泛地介绍了国外民族文化的知识，有助于学生全面准确地掌握异民族文化的知识，但这些内容因其零碎而缺乏设计方面的系统性和层级性，不足够突出国际理解教育的理念和深刻内涵。一方面，重知识、轻态度与能力。教材比较广泛地介绍国外文化知识，但对于如何通过学习这些教学内容形成积极的国际理解的态度和能力，则没有明确的要求。另一方面，国际理解教育理念在世界范围内已被广泛地接受，尤其是在社科人文类的学科上。其中，由于国际理解教育是我国高校英语教学的内在目标，因此，高校英语教学是实现国际理解教育的重要途径之一，使高校英语教育成为国际理解教育的有机组成部分。

值得注意的是，我国大学生的知识和技能在高中毕业时理应达到相当高的水平，已具备基本的英语语言知识、应用能力和交际能力，因此，完全可以把国际理解教育的知识目标、态度目标、能力目标等系统地融入大学英语课程之中，让学生通过大学英语课程的学习达到国际理解教育的目标要求。第一，应尽可能全面但必须系统地介绍异民族文化知识，引导学生获得全面准确的国外民族文化知识。第二，帮助学生形成有效的跨文化沟通、认知、比较、参照、取舍、传播等能力，分析典型的国际交往事例，鼓励学生直接参与跨文化交往，引导学生形成合理的国际理解的态度。第三，挖掘大学英语教材的审美内涵，对学生进行国际理解教育，使学生形成基于世界各国多元文化的审美情操。一是在英语教学中结合跨文化教育开展国际理解教育。教师在讲授大学英语时，通过设立“文化库”栏目，或者设立“西方思想史”“西方文化概论”“英美国家概况”等辅助课程或选修课程，给学生举办异民族文化讲座，组织参观异民族文化展览等，组织有关异民族文化的讨论，或者组织欣赏异民族文化表演、活动等。二是在大学英语教学中加强国际理解实践体验。学校可以有计划、有组织地创造条件，组织大学生与留学生面对面交流，或让学生走出国门，直接到国外的家庭、社会和学校进行生活体验，促进大学生了解外国的文化、制度、风土人情等，促进大学生的国际理解的能力与态度。

3. 国际理解教育与高校英语教师素养的融合

从国际理解的视野来看，一个合格的高校英语教师的素质主要应从专业知识、专业技能和专业态度几方面着手。

首先，对于一名高校英语教师，他（或她）的专业知识应包括普通文化知识、所教学科的专门知识和教育学知识三个大方面。在国际理解教育理念下，具备普通文化知识对高校英语教师显得尤为重要。因为语言是文化的载体，语言教学的目的不仅是使学生获得语言本身的知识，更重要的是通过学习语言去了解背后的文化内涵，增进对异民族的了解，促进交流。英语教学工作具有“人文性”特点，强调教师对普通文化知识的掌握，因为普通文化知识本身具有陶冶人文精神、养成人文素质的内在价值。而在今天，由于英语在全世界广泛地使用，所以学生通过学习英语需要了解的文化已不再是原来意义上的仅限于英美国家的文化，而是广义的已成为一个包括世界各民族文化的包罗万象的概念。

其次，专业技能，包括教师的教学技巧和教学能力。教师的教学能力历来受到人们的广泛关注，优秀的教师必须具备良好的教学能力。比如教师对大纲的理解和运用能力，对教材的掌握和使用能力，制订教学计划和编写教案能力以及测试和评价的能力。其中教师是否能全面而深刻地掌握和运用教学大纲影响了他（或她）能否制订出合适的教学计划和编写出色的教案。大学英语课程不仅是一门语言基础知识课程，也是拓宽知识，了解世界文化的素质教育课程。高校英语教学，应注重开阔大学生的视野，扩大大学生的知识面，加强大学生对于世界的了解，借鉴和吸收外国文化的精华，以提高文化素养。

最后，专业态度。概括起来包括专业理想、专业情操、专业形象和专业自我四个方面。

参考文献

[1] 韩艳. 新时期高校英语教学及发展研究 [M]. 长春：吉林出版集团股份有限公司，2023. 03.

[2] 申慧丽，刘鹏，杨洁. 跨文化视域下高校英语教学转型与创新 [M]. 北京：中国书籍出版社，2023. 01.

[3] 刘方方，岳宝华，禹琳琳. 教育信息化背景下高校英语教学理论体系的建构与探索 [M]. 北京：中国书籍出版社，2023. 01.

[4] 李传馨. 高校公共英语的课堂教学改革研究 [M]. 北京：北京工业大学出版社，2023. 04.

[5] 徐中锋. 高校英语课堂教学改革研究 [M]. 北京：北京工业大学出版社，2023. 04.

[6] 龚丽萍. 高校英语课堂教学的模式创新研究 [M]. 成都：四川科学技术出版社，2023. 04.

[7] 陈亚轩. 高校英语写作教学理论与实践研究 [M]. 长春：吉林大学出版社，2023. 01.

[8] 徐丽丽. 高校英语专业课程体系构建与教学改革研究 [M]. 北京：中国书籍出版社，2023. 01.

[9] 孙婕. 高校英语教学理论及实务研究 [M]. 长春：吉林人民出版社，2022. 01.

[10] 周嫚，段潇乐，马燕. 高校英语教学的基础理论与应用研究 [M]. 长春：吉林出版集团股份有限公司，2022. 10.

[11] 李慧. 我国高校英语教学模式研究 [M]. 长春：吉林出版集团股份有限公司，2022. 08.

[12] 夏珺. 高校英语教学设计优化与模式创新研究 [M]. 长春：吉林人民出版社，2022. 08.

[13] 毛佳玳. 信息化背景下高校英语教学创新研究 [M]. 杭州：浙江工商大学出版社，2022. 04.

[14] 刘婷，李敏. 新时期高校英语教学的多视角研究 [M]. 北京：中国商务出版社，

2022. 03.

[15] 王延香. 认知语言学理论视域下高校英语教学策略的应用与创新［M］. 长春：吉林人民出版社，2022. 03.

[16] 薛金梅. 文化全球化与高校英语跨文化教学［M］. 哈尔滨：北方文艺出版社，2022. 07.

[17] 金鑫. 高校英语公共教学与跨文化交际研究［M］. 北京：中国大地出版社，2022. 01.

[18] 王冕，常海鸽. 高校商务英语信息化教学改革研究［M］. 吉林出版集团股份有限公司，2022. 07.

[19] 伍丹琼. 新课改理念下的高校英语教育教学研究［M］. 吉林出版集团股份有限公司，2022. 04.

[20] 何湘君. 应用语言学视域下高校英语混合教学实践探究［M］. 长春：吉林出版集团股份有限公司，2022. 09.

[21] 侯丽梅. 自主学习能力培养下的大学英语教学改革［M］. 北京：中国书籍出版社，2022. 01.

[22] 张云. 教育转型背景下的高校英语教育模式研究［M］. 北京：中国纺织出版社，2022. 04.

[23] 高红梅，管艳郡. 高校英语教学创新性研究［M］. 长春：吉林人民出版社，2021. 06.

[24] 蒋丽霞. 文化视域下的高校英语教学研究［M］. 北京：北京工业大学出版社，2021. 10.

[25] 管艳郡，朱荣萍，罗芳. 高校英语教学及其语言学应用研究［M］. 长春：吉林人民出版社，2021. 09.

[26] 刘菲. 高校英语教学的研究热点英语教师专业发展研究［M］. 长春：吉林出版集团股份有限公司，2021. 07.

[27] 胡晓霞. 基于应用语言学理论下的高校英语教学研究［M］. 长春：吉林人民出版社，2021. 09.

[28] 宏杰. 基于跨文化交际理论的高校英语教学创新探究［M］. 北京：新华出版社，2021. 07.

[29] 刘蕊. 教育生态化视角下高校英语教学创新研究［M］. 长春：吉林出版集团股份有限公司，2021. 08.

[30] 张迎春. 互联网+背景下高校英语教学创新研究 [M]. 北京：中国原子能出版传媒有限公司，2021. 08.

[31] 徐琴. 新时代高校英语教学模式创新研究 [M]. 北京：北京工业大学出版社，2021. 10.

[32] 高云柱. 跨文化交际与高校英语教学融合发展研究 [M]. 北京：新华出版社，2021. 08.

[33] 秦初阳，孙金凤，丽娜. 跨文化视域下的高校英语教学理论体系重构探索 [M]. 长春：吉林人民出版社，2021. 06.

[34] 姚娟，徐丽华，娄良珍. 高校英语阅读与翻译教学多维研究 [M]. 天津：天津科学技术出版社，2021. 04.

[35] 胡宝菊. 新时期高校英语口语教学研究 [M]. 长春：吉林出版集团股份有限公司，2021. 08.

[36] 鲍文，田丽. 高校商务英语专业实践教学创新研究 [M]. 杭州：浙江工商大学出版社，2021. 08.

[37] 沈红. 基于在线课程平台的高校英语混合式教学模式研究 [M]. 北京：中国商业出版社，2021. 08.

[38] 康洁平. 信息化背景下高校英语混合式教学模式探索与应用 [M]. 北京：中国书籍出版社，2021. 10.

[39] 蔡玲. 大学英语教学实践探索 [M]. 长春：吉林文史出版社，2021. 03.

[40] 滑少枫. 大学英语个性化教学的策略分析与系统设计 [M]. 西安：西北工业大学出版社，2021. 04.

[41] 刘亚娜. 高校英语教学理论与实践探究 [M]. 长春：吉林人民出版社，2020. 10.

[42] 苗旸，苏日娜，高秀娟. 高校英语教学基本理论及信息化研究 [M]. 长春：吉林出版集团股份有限公司，2020. 07.

[43] 赵艳芳. 基于课堂生态视角下的高校英语教学 [M]. 长春：吉林人民出版社，2020. 08.